Norberto Bobbio
Ethik und die Zukunft des Politischen

Norberto Bobbio

Ethik und die Zukunft des Politischen

Herausgegeben und mit einem Vorwort
von Otto Kallscheuer

Aus dem Italienischen
von Annette Kopetzki und Otto Kallscheuer

Verlag Klaus Wagenbach Berlin

Zu den Erscheinungsorten der einzelnen Texte siehe Seite 132.

Wagenbachs Taschenbuch 622
Originalausgabe

Politik bei Wagenbach wird von Patrizia Nanz herausgegeben.

© Giulio Einaudi Editore, Torino
© 2009 Verlag Klaus Wagenbach, Emser Str. 40/41, 10719 Berlin
Umschlaggestaltung / Reihenkonzept: Julie August, Berlin. Gesetzt
aus der Meridien und der Imago von Barbara Gomon, Leipzig. Vor-
satzpapier von Schabert, Strullendorf. Gedruckt auf chlor- und
säurefreiem Papier (Schleipen) und gebunden bei Pustet, Regens-
burg. Printed in Germany. Alle Rechte vorbehalten.

ISBN: 978 3 8031 2622 1

Inhalt

Otto Kallscheuer
Italiens skeptischer Aufklärer

Einleitung

> »Die Aufgabe der Intellektuellen (*uomini di cultura*) besteht
> heute mehr denn je darin, Zweifel zu verbreiten und nicht
> etwa Gewissheiten zu sammeln.«
> Norberto Bobbio, *Einladung zum Gespräch* (1951)[1]

1. Der Antiitaliener

Seine Gestalt war klein, sein Blick stechend, seine feine Ad-
lernase imponierend – und in der italienischen Politik kam
niemand an seinem Zeigefinger vorbei. Norberto Bobbios
Physiognomie zeugte ebenso von nervöser, leicht reizbarer
Empfindlichkeit, seiner Neigung zu »heiligen Empörungen«,
wie von einer lebenslangen Arbeit daran, sanftmütig zu
werden.[2]
Bobbios professoral mahnender Zeigefinger war bereits
sprichwörtlich geworden. Mitunter musste der alte Kritiker
selber über sich lächeln, wenn er wieder einmal die Hand
zum Tadel erhob. Zumeist geschah das, um einen funda-
mentalen Gegensatz zu markieren oder eine elementare
Unterscheidung zu klären, welche seine Diskussionspart-
ner vergessen oder in blumiger Rhetorik verwischt hatten:
den Gegensatz zwischen Demokratie und Diktatur, den Unterschied von Staatsmacht und Regierungsform, die Diffe-
renz zwischen Recht und Moral oder zwischen Politik und
Kultur …[3]

Und ob nun am Katheder der Turiner Universität, als in allen Lagern gefürchteter Leitartikler, auf philosophischen Fachkongressen oder bei politischen Debatten: Bobbios Rede war stets Ja, Ja – oder Nein, Nein! Nein, demokratische Grundregeln haben nichts mit irdischen Paradiesen zu tun! Nein, Begeisterung ist keine Begründung! Nein, politische Freiheit beruht nicht auf dem gutem Eindruck, den ein jeder Politiker bei seinen Wählern hinterlassen will.

Böse Zungen nannten Bobbio einen »Papa laico«, einen Papst für die Aufgeklärten. Den oppositionellen Kommunisten las der Turiner Professor in den fünfziger Jahren ebenso die Leviten wie in den Neunzigern dem regierenden Fernsehpopulismus. In der Hochphase des Kalten Krieges verteidigte Bobbio in einer längst klassisch gewordenen Auseinandersetzung mit dem kommunistischen Parteichef Palmiro Togliatti die liberale Demokratie gegen den marxistischen Vorwurf, bloße kapitalistische Herrschaftsform zu sein. Als dann in den siebziger Jahren, nach drei Jahrzehnten christdemokratischer Regierung, erstmals ein parlamentarischer Machtwechsel möglich schien, wiederholte sich eine ähnliche Konfrontation. Bobbio wollte dem italokommunistischen Versprechen eines »Dritten Weges« zwischen den westlichen Demokratien und den realsozialistischen Diktaturen Osteuropas nicht trauen, obwohl der kommunistische Führungsanspruch nun in der Terminologie Antonio Gramscis als »kulturelle Hegemonie« daherkam.[4]

Die italienische Politik liebt große Worte – man denke nur an Enrico Berlinguers Vorschlag einer großen Koalition aus Kommunisten und Christdemokraten unter dem Titel »compromesso storico«, eines historischen Kompromisses. Bobbio hingegen zog stets klare Definitionen vor. In der Politik verstand er sich als Realist: »Man kann nur dann von Politik sprechen, wenn man einen kühlen Blick auf die Geschichte behält. Die Politik – ob nun die monarchische oder die republikanische Politik – bleibt Kampf um die Macht.«[5]

Bobbios klare Distinktionen, seine idealtypisierenden Gegensätze und eleganten Begriffslandkarten – in diesem Band etwa über die möglichen Verhältnisse zwischen Moral und Politik – machen seine Texte für jeden Leser zu klassischen Exerzitien eines politischen Denkens, das sich im realistischen Wissen um die »grobschlächtige Materie« historischer Prozesse (Boris Pasternak) jeden romantischen oder utopischen Überschwang verbietet.

Zum nüchternen Blick auf die Mechanismen der Politik, den er von den großen Analytikern der Macht Thomas Hobbes, Max Weber und Vilfredo Pareto übernahm[6], fühlte sich Bobbio durchaus moralisch verpflichtet: Gerade weil nach der berühmten Weber'schen Definition staatliche Macht in letzter Instanz das Monopol legitimer physischer Gewalt bedeutet, wäre es verantwortungslose Rhetorik, von dieser Tatsache abzusehen und ideale Republiken zu entwerfen, welche zwar von tugendhaften Bürgern bevölkert sind, die aber noch kein Auge je gesehen hat. Die Rhetorik der Ideale kippt zudem beim Kontakt mit der grobschlächtigen Materie, im Kampf um Macht und Einfluss, allzu schnell in den abgeklärten Zynismus des Opportunisten, den Bobbio bei vielen Linksradikalen erleben musste, die sich auf einmal zu Parteigängern der Berlusconi-Rechten mauserten.

2. Ein skeptischer Lehrer

Bobbios Parteinahme für die liberale Demokratie hinderte ihn nicht daran, die Perspektiven dieser Regierungsform mit ziemlicher Sorge zu beurteilen. Davon zeugt im vorliegenden Band die Diagnose zur Zukunft der Demokratie, die der politische Philosoph im November 1983 in Madrid auf Einladung des spanischen Parlamentspräsidenten vor den Cortes vorgetragen hat. Ein Jahr später und ebenfalls vor dem spanischen Parlament fand Bobbios Skizze ihr sozialphilosophisches Gegenstück in Jürgen Habermas' Panorama der »Neuen Unübersichtlichkeit«.[7] Wie Habermas verstand Bobbio sich als Aufklärer, doch anders als Habermas mochte er seinen Begriff von Demokratie nicht durch das Postulat der höheren »Vernünftigkeit« der demokratischen Prozeduren überlasten.[8] Bobbio bestimmt die Demokratie vielmehr formal, durch ein realistisches Minimum an Verfahrensregeln für kollektiv verbindliche Entscheidungen: periodische allgemeine Wahlen, ein freier politischer Wettbewerb, das Vorhandensein echter Alternativen, die Mehrheitsregel und die Garantie der politischen Grundrechte.

Auf diese wertfreie, aber trennscharfe Minimaldefinition legt Bobbio gerade deshalb Wert, weil er die Demokratie in Gefahr sieht. Ihre Aufgabe – kollektiv bindende Entscheidungen zu ermöglichen und gleichzeitig die individuellen Freiheitsrechte aller Beteiligten zu garantieren – ist in den heutigen Nationalstaaten keineswegs leichter geworden. Die Bedingungen für einen ernstzunehmenden politischen Wettbewerb, in dem die Bürger zwischen wirklichen Alternativen wählen können, sind in den modernen Industriegesellschaften mit ihren postmodernen elektronischen Massenmedien, welche das »diskursive Niveau der öffentlichen Debatte« (Habermas) beständig bedrohen, immer seltener gegeben.

Nicht nur das spanische Parlament nahm bei Professor Bobbio Nachhilfestunden. Für gut ein halbes Jahrhundert war Bobbio der Lehrer Italiens in Sachen Demokratie. Die politische Elite hielt ihn in hohen Ehren – auch seine Gegner aus der kommunistischen und katholischen Partei, den Säulen der heute so genannten »Ersten Republik« Italiens. So ernannte ihn 1984 der sozialistische Staatspräsident Sandro

Pertini zum Senator auf Lebenszeit, eine selten verliehene Auszeichnung, die bei Pattsituationen im Senat politisches Gewicht haben kann.

Aber auf Bobbio gehört haben die Italiener nicht: Statt einer liberalen Linken hatten sie jahrzehntelang die Kommunisten zur stärksten Opposition gemacht. Regieren ließen sie sich ein halbes Jahrhundert lang von den listigen Frommen, den christlichen Demokraten.

Eine massenhafte Verbreitung über die Arena intellektueller Kontroversen hinaus erfuhr Norberto Bobbio zum ersten Mal 1994, und zwar im italienischen Wahlkampf: Der Gegensatz von *Rechts und Links* (das war der Titel) wurde nicht mehr durch die weltpolitischen Lager bestimmt; der riesige Korruptions-Skandal, den Mailänder Staatsanwälte mit der Operation »saubere Hände« aufdeckten, ließ die christlichen Demokraten und Bettino Craxis Sozialisten in die Bedeutungslosigkeit absinken; und die ehemaligen Kommunisten suchten nach einer neuen, glaubwürdigen linken Identität. (Das tun sie übrigens noch heute.) Nicht nur Bobbios Leser suchten in dieser Situation nach den »Gründen und Bedeutungen einer politischen Unterscheidung« (wie der Untertitel des Büchleins lautet).[9]

An den Wahlurnen siegte freilich eine neue Rechte, die Koalition des politischen Unternehmers Silvio Berlusconi – und die »Zweite Republik« begann. Sie ging zwar nicht wie die gaullistische »Fünfte Republik« in Frankreich aus einer Verfassungsänderung hervor, aber aus dem Zusammenbruch des alten Parteiensystems, der durch ein verändertes Wahlsystem noch beschleunigt wurde. Der gesamte Stil der italienischen Politik änderte sich.

3. Warum Bobbio lesen?

Der britische Historiker und Marxist Perry Anderson und Bobbios Schüler und Kritiker Danilo Zolo haben auf die Spannung hingewiesen zwischen Norberto Bobbios realistischer Politikauffassung und seiner liberal-sozialistischen politischen Einstellung, »zwischen Machiavelli und Kant«[10]. Immerhin vertraten – mit der möglichen Ausnahme von Karl Marx – die Theoretiker der Linken zumeist eine optimistische, zuweilen idealistische Geschichtsauffassung. Bobbio hingegen verbindet einen linken moralischen Universalismus mit einem realistischen und zuweilen pessimistischen Bild des Politischen, welches in der Tat historisch gesehen meistens bei rechten Denkern anzutreffen war.[11]

Diese ungewohnte Geisteshaltung – sie umfasst Motive eines Thomas Hobbes *und* des Baron Montesquieu, von Max Weber *und* Albert Camus – ist schon einer der Gründe, warum es sich lohnt, die Schriften des Skeptikers aus Turin wiederzulesen: um im unübersichtlicher werdenden politischen Handgemenge einen klaren Kopf zu behalten. Um die Moral nicht mit der Politik zu verwechseln, die guten Gründe nicht mit der Macht der Mehrheit, Wünschenswertes nicht mit Wahrscheinlichem.

Aber wurde denn Bobbios Pessimismus nicht längst widerlegt? Seine Liste der ungehaltenen Versprechen der Demokratie ist ein Vierteljahrhundert alt. Hat nicht seither die demokratische Regierungsform ihren Siegeszug weltweit fortgesetzt?

Gewiss, nach der Demokratisierung der Partei- oder Militärdiktaturen in Südeuropa und Lateinamerika in den siebziger und achtziger Jahren[12], nach dem mehr oder minder friedlichen Niedergang des osteuropäischen Kommunismus sowie der friedlichen Entmachtung des südafrikanischen Apartheid-Regimes in den Neunzigern werden heute mehr

Staaten demokratisch regiert als jemals zuvor in der Weltgeschichte.

Gewiss – und doch liefern die Entscheidungsmechanis-
men von lupenreinen Demokraturen wie Russland oder
Venezuela (ganz zu schweigen von den vielen Kleptokratien
auf dem afrikanischen Kontinent) nur wenig Anlass für
Zuversicht. Gleichzeitig nimmt in den etablierten real existierenden Demokratien des Westens die Tendenz zur »Me-
diokratie« zu. Sie geht mit einer (von Land zu Land unterschiedlichen) Schwächung der Rolle der politischen Parteien
einher, der in repräsentativen Demokratien wichtigsten Träger des politischen Wettbewerbs. Und mit der Krise der Parteien als Schulen des demokratischen Engagements wächst
wiederum den audiovisuellen Medien im öffentlichen Raum
eine immer größere Macht zur Inszenierung von kollektiven
(etwa nationalen) Identitäten zu.

Somit erscheint die Demokratie doppelt gefährdet: Einerseits könnten sich manche neue Demokratien aus der letzten
Demokratisierungswelle in Osteuropa oder Asien bald schon
als freiheitsfeindliche populistische Regimes herausstellen –
ob nun unter sozialistischem, nationalistischem oder reli-
giösem Banner, etwa unter islamistischen Vorzeichen.
Andererseits droht in etlichen alten Demokratien ein schlei-
chender, aber struktureller Substanzverlust – der dann von
periodischer Politikverdrossenheit oder Demokratiemüdig-
keit begleitet werden mag. Der Niedergang der öffentlichen
Meinung und die zunehmende Abkoppelung der Organisation des politischen Konsensus von den realen Entscheidungen könnte dann zu postdemokratischen »liberalen Oligarchien« führen.[13]

4. Der plebiszitäre Kurzschluss

Bobbio warnt vor oligarchischen und korporatistischen Gefahren unserer real existierenden Demokratie; mindestens genauso aber kritisiert er überzogene Erwartungen an die direkte Demokratie: Die Hoffnung darauf, die Verselbständigung von Macht- und Funktionseliten durch ein unmittelbares *feed-back* zwischen Volk und politischer Führung plebiszitär zu unterlaufen, führe in die Irre. In den siebziger und achtziger Jahren erschallte der Ruf nach direkter Demokratie zumeist von links (oder aus den weiland neuen sozialen Bewegungen: als Basisdemokratie). Heute kommt diese Forderung einer unverfälschten oder direkten Identifikationsmöglichkeit mit dem politischen Prozess eher von rechts, von populistischer oder nationalistischer Seite. Doch ob nun von rechts oder von links, solche Erwartungen verwechseln in der Terminologie Norberto Bobbios die antike mit der modernen Demokratie.[14]

Die antike Demokratie der griechischen *Polis* oder der römischen Republik wurde als direkte Herrschaft des *Demos* in der Volksversammlung vorrangig durch direkte Teilnahme an den Entscheidungen ausgeübt. Erst in zweiter Instanz spielte (neben Losverfahren[15]) auch die Wahl erfahrener Amtsträger eine Rolle, verstanden auch als notwendige Korrektur des direkten Volksentscheids. »In der antiken und der modernen Demokratie stellt sich also das Verhältnis von Wahl und direkter Beteiligung genau umgekehrt dar: Während heute die Wahl [derjenigen, welche dann die tatsächliche Entscheidung treffen] die Regel und die direkte Beteiligung an der Entscheidung die Ausnahme ist, war früher die direkte Beteiligung die Regel und die Wahl die Ausnahme.«[16]

Darum galt im klassischen Republikanismus bis hin zu Jean-Jacques Rousseau die (direkte) Demokratie als eine nur für Stadtstaaten oder kleine politische Einheiten, in denen sich das Volk noch direkt versammeln kann, geeignete Regierungsform. Erst die moderne Demokratie im großen Flächenstaat hat mit ihrer Orientierung an den individuellen Freiheitsrechten den zuvor als einheitlich vorgestellten Volkskörper in seine Bestandteile aufgelöst: die einzelnen Bürger, welche dann ihre Repräsentanten wählen. Auf diese – mit dem rechtlichen und moralischen Individualismus der Aufklärung verbundene – repräsentative Demokratie bezieht sich Bobbios minimale Definition.

In Italien sah er sie in seinen letzten Lebensjahren in höchster Gefahr.[17] Die italienische Republik hat nämlich in den letzten beiden Jahrzehnten, teils abwechselnd, teils gleichzeitig, vier teilweise gegenläufige Tendenzen durchgemacht:[18]

(a) Eine erfolgreiche plebiszitäre Mediendemokratie oder »Telekratie« ermöglichte den Siegeszug Silvio Berlusconis.

(b) Dieser wiederum führte im Gegenzug auch zu wiederholten, teilweise erfolgreichen Versuchen, die Parteiendemokratie wiederzubeleben, wenigstens ihr Angebot auf dem politischen Markt zu rationalisieren und besser zu profilieren, etwa durch die Vereinigung von ehemaligen Kommunisten, Sozialisten und des linken Flügels der untergegangenen Democrazia Cristiana zum Partito Democratico, der Demokratischen Partei. Freilich ist keine Partei mehr dazu in der Lage, wie die alte Arbeiterbewegung oder der traditionelle Laienkatholizismus territoriale soziale Netzwerke und subkulturelle moralische Milieus dauerhaft zu organisieren und damit an sich zu binden.

Auf den nicht erst unter Berlusconi einsetzenden Substanzverlust des Parlaments reagierten aber zwei Gegenbewegungen:

(c) Einerseits eine rabiate Parteienverdrossenheit, die in Italien zu einer Antipolitik führt, wie sie etwa der populäre Komiker Beppe Grillo mit seinen Internet-Blogs und Protestversammlungen wider korrupte Funktionäre und das verbreitete Staatsversagen verkörpert.

(d) Andererseits kommt es auch zu sporadischen Versuchen einer neuen Bürgerbewegung oder Bürgerbeteiligung, die sowohl linke wie rechte Stimmungen ausdrücken kann (für Legalität, gegen die Mafia – für Bürgerwehren, gegen illegale Einwanderer) und in Italien eine lange populistische Tradition hat.

Die Krise der repräsentativen Demokratie (b) kann also dazu führen, dass an die Stelle des demokratischen Streits um konkurrierende Versionen des Gemeinwohls gefährliche Verkürzungen von Volkssouveränität[19] treten; sei es im Modell plebiszitärer Führerschaft von oben (a); sei es durch die Illusion direkter Demokratie von unten (c) und (d).

Letztere Hoffnungen nähren sich heute häufig auch aus dem Internet: Ließe sich nicht die technisch mögliche simultane Interaktion von Hunderten und Tausenden von Teilnehmern oder die elektronisch erweiterbare *face-to-face*-Kommunikation auch als Rückkehr zu antiken Formen direkter Bürgerentscheidung verstehen? Dann nämlich – so wünschen manche – würden die elektronischen Medien jene vermeintlich direkte Einheit des Volkskörpers wiederherstellen, welche zuvor die funktionale Differenzierung der modernen Gesellschaft, die staatliche Bürokratie und die politische Parteienvielfalt zerstört hätten. Und das audiovisuelle Medium macht die plebiszitäre Identifikation mit dem politischen Führer fassbar (und messbar) – heiße er nun Barack Obama oder Silvio Berlusconi.

5. Zu dieser Auswahl:

Eine knappe und doch »repräsentative« Auswahl aus den Schriften eines Universitätslehrers, der über ein halbes Jahrhundert stichwortgebend für die akademischen Debatten dreier Fakultäten war (der juristischen, der philosophischen, der sozialwissenschaftlichen) und in seinen letzten Lebensjahrzehnten der geachteste und gefürchteste Leitartikler Italiens wurde, ist unmöglich. Was ist mit seinen Schriften zur Rechtslehre, zur politischen Soziologie, zu Krieg und Frieden, zu den internationalen Beziehungen?

(Also lieber gleich ein Schriftenverzeichnis und den Link zur Bobbio-Website: In der Auswahlbibliographie am Ende dieses Büchleins findet der geneigte Leser beides.)

In diesem Buch gibt es einige für den späten Bobbio typische ethisch-politische Aufsätze, die in der aktuellen deutschen philosophischen Debatte und politischen Landschaft zu geistigen Lockerungsübungen in der Politik (ver)führen können. Der alte liberale Sozialist und universalistische Skeptiker, dessen wichtigste intellektuellen Leitsterne der idealistische Liberale Benedetto Croce und der Theoretiker des Leviathan Thomas Hobbes waren, freute sich zwar ungemein darüber, den renommierten Hegel-Preis 2000 der Stadt Stuttgart zu erhalten – um deutsche philosophische und um amerikanische politische Korrektheit aber scherte er sich herzlich wenig. Davon zeugen die Essays dieses Bandes:

– Bobbios typologische Skizze möglicher Verhältnisse zwischen *Ethik und Politik* präjudiziert keine politischen Wertentscheidungen, sondern vermag sie aufzuklären.
– Die Diagnose zur *Zukunft der Demokratie* ist auch nach einem Vierteljahrhundert nicht veraltet; Bobbios nur durch den Aufruf zur Mündigkeit gemilderter Pessimismus bleibt noch zu widerlegen.

17

- In seinem *Lob der Sanftmut* preist Bobbio eine unpolitische Tugend, den heiteren Gleichmut der Schwachen, und nimmt Abstand von heroischen Kämpfertypen; nebenbei entdramatisiert der alte Philosoph den akademischen Schulstreit zwischen Verfahrensethikern und Tugendlehrern.
- Dass der Aufklärer Bobbio auch gegenüber der dogmatischen Aufklärung Skepsis bewahrt, bezeugt ein Gespräch zur *Religion der Menschenrechte* und zur geistigen Situation der Moderne nach dem Wissenschaftsglauben.

Ethik und Politik

Wie sich das Problem stellt

Seit einigen Jahren finden in Italien immer häufiger Debatten über moralische Fragen statt, die das alte Thema des Verhältnisses von Moral und Politik aufgreifen. Ein altes und immer wieder neues Thema, denn bis heute gibt es keine moralische Frage, egal auf welchem Gebiet sie gestellt wird, die eine endgültige Antwort gefunden hätte. Zwar ist das Problem des Verhältnisses von Moral und Politik besonders berühmt, weil die Diskussionen darüber eine lange Tradition haben, weil die beteiligten Autoren hohes Ansehen genießen, weil vielfältige Argumente angeführt wurden und das Thema selbst von großer Bedeutung ist. Doch unterscheidet es sich prinzipiell nicht von der Frage nach dem Verhältnis zwischen dem moralischen Handeln und allen anderen Tätigkeiten des Menschen. Auf diesen Gebieten haben wir uns angewöhnt, von einer Ethik wirtschaftlicher Beziehungen, einer Sexualethik, einer medizinischen Ethik, einer Ethik des Sports oder, vor allem in letzter Zeit, von einer Ethik des Marktes zu sprechen. Wie unterschiedlich sie auch sein mögen, in all diesen Bereichen menschlichen Tuns geht es stets um dasselbe: die Unterscheidung zwischen dem, was moralisch zulässig, und dem, was moralisch unzulässig ist.

Das Problem der Beziehungen zwischen Ethik und Politik ist schwerwiegender, denn spätestens seit dem Konflikt, den Antigone und Kreon austrugen, zeigt die historische Erfahrung, dass ein Handeln, das moralisch unzulässig ist, in der

Politik als zulässig und schätzenswert gelten kann – und auch der Durchschnittsbürger scheint seinen Frieden mit der Einsicht gemacht zu haben, dass der politische Mensch in seinem Verhalten von der allgemeinen Moral abweichen darf. Die Politik gehorcht also einem Regelkodex oder normativen System, das sich vom Kodex oder Normensystem des moralischen Verhaltens unterscheidet, ja teilweise mit diesem unvereinbar ist. Wenn Machiavelli dem mächtigen Cosimo de' Medici den Ausspruch zuschreibt, Staaten ließen sich nicht mit dem Vaterunser regieren, und dies offenbar gutheißt, meint er damit, dass der Politiker sein Handeln nicht den Vorschriften der herrschenden Moral unterwerfen kann, die in einer christlichen Gesellschaft mit der Moral des Evangeliums zusammenfällt. In dem bekannten Theaterstück *Die schmutzigen Hände*, um ein Beispiel aus der Gegenwart anzuführen, behauptet Jean-Paul Sartre, oder besser, lässt er eine seiner Figuren sagen, dass jemand, der Politik betreibt, nicht umhinkann, sich die Hände schmutzig zu machen (mit Dreck oder auch mit Blut).

Obwohl die moralische Frage sich also in allen Bereichen menschlichen Verhaltens stellt, nimmt sie doch einen ganz besonderen Charakter an, wenn sie in der Sphäre der Politik gestellt wird. Auf allen anderen Gebieten besteht die moralische Frage darin, zu entscheiden, welches Verhalten moralisch, und umgekehrt, welches unmoralisch ist, oder welches unter den Bedingungen einer nicht rigoristischen Moral in den wirtschaftlichen, sexuellen und sportlichen Beziehungen, im Verhältnis etwa zwischen Arzt und Krankem oder Lehrer und Schüler zufällig von der Moral unberührt bleibt. Bei diesen Diskussionen geht es um die Prinzipien oder Regeln, denen Unternehmer oder Kaufleute, Liebende oder Ehepaare, Poker- oder Fußballspieler, Ärzte, Chirurgen und Lehrer in der Ausübung ihrer Tätigkeiten folgen sollten. Was im Allgemeinen nicht angezweifelt wird, ist die moralische

Frage selber, das heißt, ob es überhaupt plausibel ist, sich das Problem der Moralität der jeweiligen Verhaltensweisen zu stellen. Nehmen wir zum Beispiel dasjenige Feld, auf dem die Theoretiker der Moral seit Jahren eine besonders lebhafte Debatte führen: In der medizinischen Ethik oder, allgemeiner, der Bioethik wird über die Zulässigkeit oder Unzulässigkeit bestimmter Handlungen hitzig diskutiert. Doch es würde niemandem einfallen, das Problem selbst zu leugnen, nämlich dass bei der Ausübung einer medizinischen Tätigkeit Fragen auftauchen, die alle Beteiligten selbstverständlich als moralische Fragen betrachten. Und während sie in dieser Einschätzung vollkommen übereinstimmen, gehen die Meinungen darüber, welche Prinzipien oder Regeln zu beachten und anzuwenden sind, stark auseinander. Nicht anders verhält es sich bei den Debatten über die Ethik des Marktes, deren Echo jüngst auch in Italien zu vernehmen ist[1]. Nur dort, wo behauptet wird, dass der Markt als ein in sich selbst vollkommen vernünftiger Mechanismus – wobei es sich allerdings um eine ursprüngliche, nicht reflektierte Vernünftigkeit handelt – keinerlei Bewertungsmaßstäben moralischer Natur unterliegt, wird das Problem ähnlich behandelt wie in der traditionellen Fragestellung nach der Beziehung zwischen Moral und Politik. Freilich gibt es einen Unterschied: Auch bei den in moralischer Hinsicht skrupellosesten Bewertungen des Marktes wird man nie so weit gehen, mit Vorbedacht und überlegt von einer Unmoral des Marktes zu sprechen, sondern wird ihn lediglich als vormoralisch oder amoralisch bezeichnen. Damit ist weniger seine Unvereinbarkeit mit der Moral gemeint, sondern eher die Tatsache, dass er sich Bewertungsmaßstäben moralischer Natur generell entzieht. Der fanatische Anhänger des Marktes hat es nicht nötig, zu erklären, dass man den Markt nicht mit dem Vaterunser regiert. Er erklärt allenfalls, dass man ihn überhaupt nicht regiert.

Natürlich hat es nur dann Sinn, sich nach dem Verhältnis von Moral und Politik zu fragen, wenn man einvernehmlich anerkennt, dass es eine Moral gibt, und einige Vorschriften, die sie kennzeichnen, grundsätzlich akzeptiert. Um die Existenz der Moral und einiger sehr allgemeiner Vorschriften, zum Beispiel dem negativen *neminem laedere* oder dem positiven *suum cuique tribuere*, anzuerkennen, muss man sich über ihre Grundlagen nicht einig sein, zumal sie das philosophische Problem schlechthin darstellen, welches die philosophischen Schulen seit jeher spaltet und auch in Zukunft entzweien wird. Das Verhältnis zwischen ethischen Vorschriften und den Theorien über die Begründung der Moral ist außerordentlich kompliziert, doch wir können uns hier auf die Feststellung beschränken, dass Uneinigkeit über die Grundlagen eine Einigung über die grundlegenden Regeln nicht verhindert.

Eine Präzisierung ist hingegen nötig. Wenn man von Moral im Verhältnis zur Politik spricht, bezieht man sich auf die gesellschaftliche, nicht die individuelle Moral, also auf jene Moral, die Handlungen eines Individuums im direkten Austausch mit den Handlungssphären anderer Individuen betrifft. Die individuelle Moral dagegen bezieht sich auf Handlungen, die beispielsweise der Vervollkommnung der eigenen Persönlichkeit dienen, unabhängig davon, welche Auswirkungen das Streben nach diesem Vollkommenheitsideal auf andere haben könnte. Schon immer hat die traditionelle Ethik zwischen den Pflichten gegenüber anderen und den Pflichten gegenüber der eigenen Person unterschieden. In der Diskussion über die moralische Frage in der Politik geht es ausschließlich um die Pflichten gegenüber anderen.

Lässt sich das politische Handeln einem moralischen Urteil unterwerfen?

Im Unterschied zu anderen Bereichen menschlichen Verhaltens wird traditionellerweise in der Politik nicht so sehr danach gefragt, welche Handlungen moralisch zulässig und welche unzulässig sind, sondern eher, ob es überhaupt Sinn hat, sich die Frage nach der moralischen Zulässigkeit oder Unzulässigkeit politischen Handels zu stellen. Um ein Beispiel zu nennen, das den Unterschied besser illustriert als eine lange Abhandlung: In keinem Moralsystem fehlen Vorschriften, die den Gebrauch von Gewalt und den Betrug verhindern sollen. Die beiden wichtigsten Straftatbestände in unseren Gesetzbüchern sind Gewalt- und Betrugsdelikte. In einem berühmten Kapitel seines *Fürsten* sagt Machiavelli, der gute Politiker müsse die Fähigkeiten des Löwen und des Fuchses besitzen. Doch der Löwe und der Fuchs sind Sinnbilder für Kraft und List.

Vilfredo Pareto, der machiavellistischste unter den politischen Autoren neuerer Zeit, der auch in einem früher sehr bekannten und heute ebenso wie sein Verfasser aus der Mode gekommenen Buch zu den Machiavellisten gezählt wird[2], behauptet seelenruhig, dass es zwei Arten von Politikern gibt, die Löwen Machiavellis, bei denen der Instinkt der »Persistenz der Aggregate« überwiegt, und Machiavellis Füchse, bei denen der Instinkt des Kombinierens überwiegt[3]. Benedetto Croce, der Machiavelli und Marx wegen ihrer realistischen Auffassung von Politik bewunderte, behandelt in einem berühmten Passus das Thema der »politischen Ehrlichkeit«. Er beginnt mit folgenden Worten, die keines Kommentars bedürfen: »Ein weiterer Ausdruck der gemeinen Ignoranz in Dingen der Politik ist die lästige Forderung nach der Ehrlichkeit im politischen Leben.« Nachdem Croce erklärt hat, es handele sich um ein Ideal, das alle Dummköpfe in der Seele hegen, folgt die Definition: »Politische Ehrlichkeit ist nichts anderes als politische Fähigkeit.«[4] Also das, was Machiavelli »Tugend« nennt, fügen wir hinzu. Sie hat bekanntlich nichts mit der Tugend zu tun, von der in Abhandlungen über Moral die Rede ist, beginnend bei der Nikomachischen Ethik des Aristoteles.

Aus diesen Beispielen, von denen man viele weitere finden könnte, scheint sich keine andere Schlussfolgerung ziehen zu lassen als diejenige, dass es unmöglich ist, die Frage nach den Beziehungen zwischen Moral und Politik auf die gleiche Weise zu stellen, wie sie sich in anderen Bereichen menschlichen Handelns stellt. Freilich fehlt es nicht an Theorien, die die Gegenthese vertreten, nämlich dass auch die Politik dem Moralgesetz unterliegt oder ihm jedenfalls unterliegen sollte. Doch sie haben sich nie mit überzeugenden Argumenten durchsetzen können und gelten als ebenso nobel wie nutzlos.

Das Thema der Rechtfertigung

Eben wegen der geringen Überzeugungskraft dieser Argumentation nimmt der größte Teil der Autoren, die sich mit der Frage nach der Moralität der Politik beschäftigen, die historische und allgemeinmenschliche Erfahrung, dass sich die allgemeine Moral und das politische Handeln auf getrennten Bahnen bewegen, zum Anlass, dieses Auseinanderfallen zu verstehen und letztendlich zu rechtfertigen. In der Geschichte des modernen politischen Denkens lässt sich die Suche nach einer Lösung der moralischen Frage in der Politik meiner Meinung nach wenn auch nicht gänzlich, so doch zum größten Teil als fortlaufende Versuche zur Rechtfertigung der an sich skandalösen Tatsache zusammenfassen, dass es einen offensichtlichen Gegensatz zwischen der all-

24

gemeinen Moral und der politischen Moral gibt. Politische Theoretiker, die das Problem auf diesem Wege zu lösen versuchen, verzichten darauf, dem Politiker vorzuschreiben, was er zu tun hat. Sie verlassen das Feld normativer Theorie und widmen sich einer verstehenden Beschreibung des Phänomens. Will man die heute geläufige Unterscheidung zwischen Ethik und Meta-Ethik aufgreifen, so hat der größte Teil der Abhandlungen über Moralität in der Politik, von denen es in der politischen Philosophie der Moderne sehr viele gibt, vorwiegend meta-ethischen Charakter, obwohl sich nachgeordnete und nicht immer beabsichtigte Überlegungen im Bereich der Ethik nicht ausschließen lassen.

Ich spreche mit Bedacht von »Rechtfertigung«. Das Verhalten, das einer Rechtfertigung bedarf, ist das von den Regeln abweichende Verhalten. Die Einhaltung der Norm, also das moralische Verhalten, muss nicht gerechtfertigt werden. Die Notwendigkeit einer Rechtfertigung entsteht, wenn eine Handlung die allgemein akzeptierten sozialen Regeln verletzt oder zu verletzen scheint, ob es nun moralische Regeln, juristische Gesetze oder Gebräuche sind. Nicht der Gehorsam wird gerechtfertigt, sondern der Ungehorsam, vorausgesetzt, er hat einen gewissen moralischen Wert. Wer auf einer Pflichtveranstaltung anwesend ist, muss nicht gerechtfertigt werden, wohl aber derjenige, der fehlt. Das regelkonforme oder normale Handeln bedarf im Allgemeinen keiner Rechtfertigung, während eine regelwidrige, übertriebene oder mangelhafte Handlung eine Rechtfertigung benötigt, wenn man sie denn verteidigen will. Niemand verlangt eine Rechtfertigung der Tat einer Mutter, die in den Fluss springt, um ihr ertrinkendes Kind zu retten. Tut sie es hingegen nicht, wird eine Rechtfertigung verlangt. Eines der größten theologischen und metaphysischen Probleme, das Problem der Theodizee, erwächst aus der Wahrnehmung des Bösen in der Welt und der Geschichte. Candide macht sich nicht die

Mühe, die Existenz der besten aller Welten zu rechtfertigen: Seine Aufgabe besteht allenfalls darin, eine Erklärung oder einen Beweis dafür zu liefern, dass die Welt so und nicht anders ist.

Eine Landkarte

Angesichts der Komplexität des Themas habe ich mir eine sehr bescheidene Aufgabe vorgenommen. Ich bin von der Idee ausgegangen, dass es zur Einführung nützlich sein könnte, eine Art Landkarte der unterschiedlichen, teilweise gegensätzlichen Lösungen vorzulegen, die im Lauf der Geschichte für das Problem des Verhältnisses von Ethik und Politik gefunden wurden.

Es handelt sich natürlich um eine unvollständige und mangelhafte Landkarte, da sie stets Gefahr läuft, sich in zweifacher Hinsicht zu irren: sowohl bei der Klassifikation der Lösungstypen als auch bei der Einordnung der unterschiedlichen Lösungen unter diesen oder jenen Typus. Der erste Irrtum wäre begrifflicher Natur, der zweite würde auf einer falschen historischen Interpretation beruhen. Darum muss diese Landkarte auf jeden Fall überprüft und durch zusätzliche Beobachtungen ergänzt werden. Doch einstweilen kann sie, denke ich, demjenigen, der sich auf ein unvertrautes Terrain wagt und zuvor alle Wege kennenlernen möchte, die dieses Terrain durchziehen, eine erste Orientierung bieten.

Die Beispiele entstammen ausnahmslos der modernen politischen Philosophie, beginnend bei Machiavelli. Es ist zwar richtig, dass die Ursprünge der großen politischen Philosophie im antiken Griechenland liegen, doch mit der Bildung des modernen Staates verschärft sich die Kontroverse um das Problem der Beziehungen zwischen Ethik und Politik, und zum ersten Mal taucht ein Begriff auf, der aus dieser Diskussion fortan nicht mehr wegzudenken ist: die »Staatsräson«.

Warum spitzt sich das Problem in der Moderne zu? Ich nenne ein paar Gründe, freilich mit aller Vorsicht. Der Dualismus zwischen Ethik und Politik ist einer der Aspekte der großen Auseinandersetzung zwischen Kirche und Staat. Dieser Dualismus musste zwangsläufig aus der Entgegensetzung zweier Institutionen entstehen, von denen eine die Mission hat, universale, von Gott geoffenbarte Gesetze für das menschliche Handeln zu lehren, zu predigen und zu empfehlen, während die andere, irdische Institution die Aufgabe hat, für die weltliche Ordnung der zwischenmenschlichen Beziehungen zu sorgen. In der Moderne zeigt sich der Gegensatz zwischen Ethik und Politik im Grunde von Anfang an als ein unlösbarer Widerspruch zwischen der christlichen Moral und der Praxis der politisch Handelnden. In einem vorchristlichen Staat, wo es keine institutionalisierte Moral gibt, ist der Gegensatz weniger augenfällig. Das bedeutet nicht, dass das griechische Denken diesen Antagonismus nicht kannte: Man denke nur an den Widerspruch zwischen den ungeschriebenen Gesetzen, auf die Antigone sich beruft, und den Gesetzen des Tyrannen. Doch in der griechischen Welt gab es nicht nur eine einzige Moral, sondern mehrere. Jede philosophische Schule hatte ihre Moral. Wo es mehrere Ethiken gibt, an denen das politische Handeln sich messen lässt, hat die Frage nach dem Verhältnis von Moral und Politik jedoch keine präzise Bedeutung mehr. Das griechische Denken war weniger am Problem des Verhältnisses von Moral und Politik als an einer Möglichkeit interessiert, einen Vergleich zwischen der guten und der schlechten Regierung anzustellen, woraus die Unterscheidung zwischen König und Tyrann folgte. Eine solche Unterscheidung wird aber innerhalb des politischen Systems getroffen, sie hat nichts mit dem Verhältnis zwischen einem normativen System wie dem der Politik und einem anderen normativen System wie dem der Moral zu tun. Diese Beziehung entsteht erst in der christlichen und nachchristlichen Welt.

Der zweite Grund für meine Beschränkung auf die Moderne liegt darin, dass die Politik sich mit der Herausbildung der Territorialstaaten immer deutlicher als Sphäre zur Entfaltung des Machtwillens offenbart. Diese Bühne ist nämlich um ein Vielfaches größer, mithin sichtbarer, als der Schauplatz städtischer Fehden oder Konflikte in der Feudalgesellschaft, vor allem dann, wenn dieser Machtwille in den Dienst eines religiösen Bekenntnisses gestellt wird. In der Epoche der Religionskriege brechen die heftigsten Diskussionen über die Staatsräson aus. Denn der Gegensatz zwischen Moral und Politik zeigt sich in seiner ganzen Dramatik, wenn moralisch verwerfliche Handlungen (man denke an das furchtbare Beispiel der Bartholomäusnacht, die übrigens von Gabriel Naudé, einem der Machiavellisten, gutgeheißen wurde) im Namen der ursprünglichen, einzigen, ausschließlichen Quelle der moralischen Ordnung in der Welt begangen werden – im Namen Gottes.

Noch ein dritter Grund lässt sich anführen: Erst im 16. Jahrhundert wurde dieser Gegensatz auch als ein praktisches Problem aufgefasst, und so versuchte man, Erklärungen für ihn zu finden. Der kanonische Text ist wieder einmal Machiavellis *Fürst*, besonders das achtzehnte Kapitel, das mit diesen verhängnisvollen Worten beginnt: »Wie löblich es für einen Fürsten ist, sein Wort zu halten und aufrichtig statt hinterlistig zu sein, versteht ein jeder; gleichwohl zeigt die Erfahrung unserer Tage, dass diejenigen Fürsten Großes vollbracht haben, die auf ihr gegebenes Wort wenig Wert gelegt [haben]«[5]. Der Schlüssel zu allem ist der Begriff »Großes«. Wenn man das menschliche Handeln nicht mehr ausgehend von den Fürsten, sondern von den »großen Taten«

diskutiert, also dem Ergebnis des Handelns, dann verändert sich die moralische Frage vollkommen, ja, sie verkehrt sich in ihr Gegenteil. Die lange Debatte um die Staatsräson ist ein über Jahrhunderte sich hinziehender Kommentar zu dieser unwiderruflichen und unbestreitbar zutreffenden Behauptung: Im politischen Handeln zählen nicht die Fürsten, sondern die großen Taten.

Ich kehre zu unserer Typologie zurück und mache nach dieser Vorbemerkung noch eine weitere. Einige der Theorien über Ethik und Politik, die ich aufzählen werde, haben insofern vorwiegend präskriptiven oder normativen Charakter, als sie nicht beanspruchen, den Gegensatz zu erklären, sondern eher bestrebt sind, eine praktische Lösung für den Umgang mit ihm zu geben. Andere haben vorwiegend analytischen Charakter, das heißt, sie machen keine Vorschläge, wie der Konflikt zwischen Moral und Politik aufzulösen sei, sondern versuchen, Gründe anzugeben, warum er existiert. Diese unterschiedlichen Funktionen der Theorien hat man meiner Meinung nach bisher zu wenig beachtet, was zu großer Verwirrung geführt hat. So ist es zum Beispiel sinnlos, eine präskriptive Theorie widerlegen zu wollen, indem man sie am Maßstab realer Verhältnisse misst. Ebenso hat es keinen Sinn, sich einer analytischen Theorie zu widersetzen, indem man eine bessere oder die beste Lösung des Konflikts vorschlägt.

Ich teile die Theorien, die sich die Frage nach der Beziehung von Moral und Politik gestellt haben, in vier große Gruppen auf, obwohl sie faktisch nicht immer streng voneinander zu trennen sind, ja, häufig sogar ineinander übergehen. Zunächst unterscheide ich die monistischen von den dualistischen Theorien und unterteile sodann die monistischen in einen strengen und einen flexiblen Monismus und die dualistischen in einen scheinbaren und einen echten Dualismus. Dem strengen Monismus ordne ich jene Autoren zu, die den Gegensatz zwischen Politik und Moral grundsätzlich bestreiten, weil jeweils nur ein Normensystem maßgeblich ist, entweder das moralische oder das politische. Zu den Vertretern des flexiblen Monismus zähle ich jene Autoren, für die es nur das moralische Normensystem gibt, das jedoch unter bestimmten Bedingungen oder bei besonderen Themen Abweichungen oder Ausnahmen gestattet, die mit vernünftigen Argumenten gerechtfertigt werden können. Für den scheinbaren Dualismus stehen Autoren, die Moral und Politik als zwei getrennte, doch nicht vollkommen voneinander unabhängige, sondern in hierarchischer Ordnung aufeinander aufbauende Normensysteme betrachten. Den echten Dualismus schließlich repräsentieren Autoren, für die Moral und Politik zwei unterschiedliche Normensysteme sind, die jeweils anderen Beurteilungskriterien unterliegen. Alle Theorien habe ich in der Reihenfolge eines nach und nach größer werdenden Abstands zwischen den beiden Normensystemen angeordnet.

Der strenge Monismus

Der strenge Monismus kennt natürlich zwei Versionen, je nachdem ob die *reductio ad unum* durch die Auflösung der Politik in der Moral oder umgekehrt durch die der Moral in der Politik erfolgt.

Beispielhaft für die erste Version ist die Idee, oder vielmehr das Ideal des christlichen Fürsten, wie es für das 16. Jahrhundert typisch ist. Besonders eindrücklich hat Erasmus von Rotterdam dieses Ideal in seinem Buch *Die Erziehung des christlichen Fürsten* vorgestellt[6], das 1515, also mehr oder weniger zeitgleich mit Niccolò Machiavellis *Der Fürst* erschien und das dessen radikalste Antithese bildet. Erasmus' christlicher Fürst ist die positive Kehrseite des dämonischen

Antlitzes der Macht. Dazu ein paar Zitate. Erasmus wendet sich an den Fürsten: »Wenn du dich als ein vortrefflicher Fürst erweisen willst, so gib Acht, dass du dich von niemandem in jenen Gaben übertreffen lässt, die wahrhaft deine eigenen sind, nämlich die Großherzigkeit, die Mäßigkeit und die Ehrlichkeit.« Diese rein moralischen Tugenden haben nichts mit den Tugenden des Fürsten zu tun, wie Machiavelli sie versteht. Erasmus sagt weiter: »Wenn du mit anderen Fürsten in einen Wettstreit treten willst, so glaube nicht, du habest sie besiegt, weil du ihnen einen Teil ihrer Macht nahmst. Du wirst sie wirklich besiegen, wenn du weniger bestechlich, weniger geizig, weniger hochmütig und jähzornig bist als sie.« Und weiter: Auf die Frage des Fürsten, welches sein Kreuz sei, lautet die Antwort: »Dem zu folgen, was ehrlich ist, niemandem Böses zu tun, niemanden zu berauben, sich nicht durch Geschenke bestechen zu lassen.« Die Genugtuung des Fürsten liegt darin, gerecht zu sein, nicht »Großes« zu tun.

Das zweite Beispiel entnehme ich Immanuel Kant. Im Anhang seiner großartigen Schrift *Zum Ewigen Frieden* unterscheidet Kant zwischen dem politischen Moralisten, den er verurteilt, und dem moralischen Politiker, den er lobt[7]. Der moralische Politiker ist jener, der die Moral nicht den Erfordernissen der Politik unterordnet, sondern die Prinzipien politischer Vorsicht so interpretiert, dass sie mit der Moral zusammenstimmen können: »Obgleich der Satz: ›Ehrlichkeit ist die beste Politik‹ eine Theorie enthält, der die Praxis, leider! sehr häufig widerspricht: so ist doch der gleichfalls theoretische: ›Ehrlichkeit ist besser denn alle Politik‹ über allen Einwurf unendlich erhaben, ja die unumgängliche Bedingung der letzteren.« Für Historiker der Moraltheorien mag es interessant sein, dass sowohl Erasmus als auch Kant, obwohl sie von unterschiedlichen Theorien über die Grundlagen der Moral ausgehen, zur Unterstützung ihrer

Thesen auf dasselbe Argument zurückgreifen, das in der heutigen Ethiktheorie »konsequenzialistisch« heißen würde, weil es die Folgen einer Handlung berücksichtigt. Im Gegensatz zur Behauptung der Machiavellisten, die Bedingung für den politischen Erfolg sei das Nichtbeachten der herrschenden moralischen Regeln, meinen unsere beiden Autoren, dass dem Herrscher, der sich an die universalen moralischen Prinzipien hält, auf die Dauer das Glück hold sein wird. Es ist, als würden sie sagen: »Tue Gutes, weil das deine Pflicht ist; doch auch, weil dein Tun unabhängig von deinen Absichten belohnt werden wird.« Es handelt sich, wie man sieht, um ein zwar sehr gängiges pädagogisches Argument, das jedoch keine große Überzeugungskraft besitzt. Sprechen wir es offen aus: Es ist ein schwaches Argument, das weder von der Geschichte noch von der allgemeinen Erfahrung gestützt wird.

Als Beispiel für die zweite Version des Monismus, also die Auflösung der Moral in der Politik, habe ich Thomas Hobbes gewählt. Natürlich auch hier mit aller gebotenen Vorsicht, zumal einige Kritiker kürzlich am Verfasser des *Leviathan* eine Eigenschaft hervorgehoben haben, die sie seine verwirrende Klarheit nennen. Den Leser, der sich von der logischen Kraft der Hobbes'schen Argumentation fesseln und faszinieren lässt, warnen sie vor einseitigen Interpretationen. Mir scheint indessen, dass sich wohl kaum ein Autor findet, bei dem der normative Monismus strenger durchgeführt wäre. Denn das einzige, alle anderen ausschließende Normensystem ist bei Hobbes das politische System, also das System der Normen, die sich aus dem Willen des durch den Gesellschaftsvertrag legitimierten Herrschers ableiten. Man könnte vieles dagegen einwenden: Für Hobbes sind die Untertanen nicht befugt, über Recht und Unrecht zu urteilen, denn dies obliegt einzig dem Herrscher. Ja, die Behauptung, die Untertanen besäßen das Recht zu einem solchen Urteil, gilt Hobbes sogar als eine aufrührerische Theorie. Doch das entscheidende Argument dafür, Hobbes als Vertreter des politischen Monismus anzusehen, lautet, dass Hobbes einer der wenigen Autoren, vielleicht sogar der einzige ist, bei dem zwischen Herrscher und Tyrann nicht unterschieden werden kann. Diese Unterscheidung gibt es nicht, weil es keine Möglichkeit gibt, die gute von der schlechten Regierung zu unterscheiden. Und da ich weiter oben den Gegensatz zwischen Kirche und Staat als entscheidendes Faktum für das Verständnis des Problems der Staatsräson im 16. und 17. Jahrhundert bezeichnet habe, sei zuletzt noch daran erinnert, dass Hobbes die Kirche auf den Staat reduziert: Die Gesetze der Kirche sind nur insofern Gesetze, als sie vom Staat akzeptiert, gewollt und bekräftigt werden. Indem Hobbes die Unterscheidung zwischen Kirche und Staat leugnet und die Kirche im Staat aufgehen lässt, bringt er den Grund für diesen Gegensatz selbst zum Verschwinden.

Theorie der Derogation

Für die Theorien des flexiblen Monismus gibt es nur ein einziges Normensystem, und zwar das moralische, ob es sein Fundament nun in der göttlichen Offenbarung oder in der Natur hat, aus der die menschliche Vernunft selbständig universale Verhaltensregeln ableiten kann. Doch gerade wegen ihrer Allgemeinheit können diese Regeln nicht in allen Fällen angewendet werden. Es gibt kein moralisches Gesetz, das nicht unter besonderen Umständen Ausnahmen vorsähe. Die Regel »Du sollst nicht töten« gilt nicht im Fall von Notwehr, dann also, wenn unter besonderen Umständen Gewalt das einzig mögliche Mittel zur Abwehr von Gewalt ist. Hier liegt eine Maxime zugrunde, die ausdrücklich oder stillschweigend Eingang in fast alle moralischen und juristischen

Normensysteme gefunden hat: *Vim vi repellere licet.* Die Regel »Du sollst nicht lügen« wird zum Beispiel dann außer Kraft gesetzt, wenn von einem inhaftierten Anhänger einer revolutionären Bewegung verlangt wird, die Namen seiner Genossen zu verraten. Eine in allen Rechtssystemen fest verankerte Maxime lautet: *Lex specialis derogat generali.* Diese Maxime gilt ebenso in der Moral, sogar in jener kodifizierten Moral, wie sie in moraltheologischen Traktaten zum Gebrauch für Beichtväter enthalten ist.

Der hier vorgestellten Theorie zufolge ist das, was auf den ersten Blick wie eine Verletzung der moralischen Ordnung durch den Machthaber erscheint, lediglich eine Derogation, also eine Teilaufhebung des Moralgesetzes, die unter außergewöhnlichen Umständen vollzogen wurde. Mit anderen Worten, es ist die außergewöhnliche Situation, in welcher der Machthaber agieren musste, die die Regelverletzung rechtfertigt. Da wir versuchen, die verschiedenen Rechtfertigungsgründe für das unmoralische Verhalten des Politikers zu erkennen: Hier wird der Grund nicht in einem anders gearteten Normensystem, sondern innerhalb des einzigen anerkannten Systems gefunden. Denn in diesem System gilt die Regel, dass es in außergewöhnlichen Fällen Ausnahmen von der Regel gibt. Das Verhalten des Machthabers unterscheidet sich allenfalls durch die Häufigkeit außergewöhnlicher Situationen, in denen er sich, verglichen mit dem gewöhnlichen Menschen, befindet. Zu dieser Häufigkeit von Ausnahmesituationen kommt es, weil der Machthaber in einem von der Beziehung zu anderen Herrschern geprägten Kontext operiert, in dem die Ausnahme zur Regel erhoben wird – wie widersprüchlich das auch erscheinen mag. Tatsächlich ist dies aber nicht widersprüchlich, denn wir haben es hier mit einer Regel im Sinne von empirischer Regelmäßigkeit zu tun, und ein regelmäßiges Zuwiderhandeln setzt nicht unbedingt die normative Geltung der gegebenen

Regel außer Kraft. Obwohl es so scheinen mag, als wäre die Ausnahme immer vorteilhaft für den Herrscher (und eben dieser Vorteil erregte den Unmut der Moralisten), kann doch auch der umgekehrte Fall eintreten, der allerdings selten ist: Die Derogation des Moralgesetzes kann sich tatsächlich extensiv auswirken, denn sie gestattet dem Herrscher das, was moralisch verboten ist, aber sie kann auch restriktiv wirken, wenn sie zum Beispiel Handlungen verbietet, die dem gewöhnlichen Menschen erlaubt sind: *noblesse oblige*.

Über die historische Bedeutung dieses Rechtfertigungsgrundes brauche ich nicht viele Worte zu verlieren. Im Laufe des 17. Jahrhunderts, dem wir die kontinuierlichsten und gründlichsten Untersuchungen über die Beziehungen zwischen Politik und Moral verdanken, erlebte die Theorie der Staatsräson ihre Blütezeit. Sie wurde häufig von Juristen vertreten, für die es daher selbstverständlich war, das Prinzip der Derogation wegen außergewöhnlicher Umstände im Fall des Notstands auf jenes Problem anzuwenden, das Machiavelli mit einer, wie wir gleich sehen werden, entschieden dualistischen Lösung auf die Tagesordnung gesetzt hatte. So konnten die Theoretiker das Bekenntnis zu einem einzigen Moralkodex wahren und gleichzeitig den Herrschern eine Rechtfertigung jener Handlungen liefern, mit denen sie diesen einzigen Kodex verletzt hatten, der doch dazu diente, das von Machiavelli zum allgemeinen Entsetzen entschleierte dämonische Antlitz der Macht wieder zu verhüllen. Jean Bodin, ein christlicher Schriftsteller und Jurist, beginnt sein großes Werk *Über den Staat*[8] mit einer Invektive gegen Machiavelli (eine solche Schmähung war für christliche Autoren eine Pflichtübung). Doch dort, wo er über den Unterschied zwischen dem guten Fürsten und dem Tyrannen spricht, behauptet er: »Eine Regierung, die sich gewaltsamer Mittel bedienen muss, wie Tötung, Verbannung oder Beschlagnahmung oder anderer Gewaltakte unter dem Einsatz von Waffen, wie es notwendigerweise in Zeiten des Wechsels oder der Wiedereinführung eines Regimes geschieht, kann nicht als tyrannisch gelten.« Der Wechsel oder die Wiedereinführung eines Regimes sind eben jene außergewöhnlichen Umstände, jener Notstand, der Handlungen rechtfertigt, die unter normalen Umständen als unmoralisch angesehen würden.

Die Theorie der Sonderethik

Um den zweiten Rechtfertigungsgrund für die Divergenz zwischen herrschender Moral und politischem Handeln zu erläutern, bediene ich mich wiederum einer juristischen Kategorie: der des *ius singulare*. Ich bin sofort bereit anzuerkennen, dass bei solchen Analogien zwischen politischen und juristischen Theorien mit Vorsicht zu verfahren ist, doch bieten sie aufgrund ihrer langen Tradition und kontinuierlichen Anwendung in der juristischen Kasuistik Denkanstöße und praktische Hinweise auf verwandten Feldern, wie dem der moralischen und politischen Kasuistik. Im Unterschied zum Verhältnis zwischen Regel und Ausnahme, das die Besonderheit einer Situation, den »Notstand« betrifft, bezieht sich das Verhältnis zwischen *ius commune* und *ius singulare* in erster Linie auf die Besonderheit der Subjekte oder besser den Status einiger Subjekte. Es ist dieser besondere Status, der sie in den Genuss oder unter den Zwang eines anderen Normensystems bringt als das der gewöhnlichen Menschen. Auch in diesem Fall kann man von einer Teilaufhebung des allgemeinen Gesetzes sprechen, doch was diesen Typ Derogation von der im vorhergehenden Abschnitt untersuchten unterscheidet, ist die Bezugnahme auf ein Subjekt statt auf eine Situation. Dabei ist es unwichtig, ob die Besonderheit des Subjekts von seiner gesellschaftlichen

Stellung herrührt – wenn zum Beispiel die Rechtsordnung, welcher der Adelige unterliegt, eine andere ist als jene, der sich Bürgerliche oder Bauern beugen müssen – oder ob sie sich aus seiner Tätigkeit ableitet, wie bei dem bekannten Beispiel der Kaufleute, deren merkantilistisches Recht sich im Laufe von Jahrhunderten durch Derogationen des bürgerlichen Rechts herausgebildet hat.

Auf den moralischen Diskurs angewandt, eignet sich die Kategorie des *ius singulare* meiner Meinung nach vortrefflich als Einführung in das Kapitel der sogenannten Berufsethiken. Unter Berufsethiken versteht man das Korpus von Verhaltensregeln, denen die Personen unterliegen, die einer bestimmten Tätigkeit nachgehen. Meistens unterscheiden sich diese Regeln vom Normenkodex der allgemeinen Moral entweder durch Übermaß oder durch Mangel, das heißt, sie bürden den Mitgliedern der Zunft entweder strengere Pflichten auf oder entbinden sie von unerfüllbaren Pflichten, wie zum Beispiel den Arzt, der vor einem unheilbar Kranken steht, von der Pflicht, die Wahrheit zu sagen. Nichts hindert uns daran, eine Berufsethik in demselben Sinne als Sonderethik zu bezeichnen, in dem man in der Rechtstheorie von Sonderrechten spricht, zumal ihre Nutzer selbst sie gerne mit einem gewichtigen und darum besonders verpflichtenden Namen belegen: Deontologie.

Bilden diejenigen, die eine politische Tätigkeit ausüben, eine Einheit, die mit einer Berufsgruppe oder Zunft vergleichbar wäre? Damit wir uns recht verstehen, es geht hier nicht um eine Meinungsäußerung zu der aktuellen Debatte um »politische Professionalität«. Es geht darum, zu erkennen, ob die politische Tätigkeit spezielle Merkmale aufweist, die ein besonderes Regelsystem erfordern. Ein solcher Normenkodex müsste denselben Zweck haben wie jede andere Berufsethik, nämlich die Ausübung dieser Tätigkeit zu ermöglichen, damit sie das Ziel erreichen kann, das ihr charakteristischerweise gesetzt ist: Das Ziel des Politikers ist das Gemeinwohl, das des Arztes die Gesundheit und das des Priesters das Seelenheil der Menschen. Es ist nicht abwegig, die Frage so zu stellen. Das Nachdenken über die Eigenart der politischen Tätigkeit begann schon im antiken Griechenland damit, dass man sie als eine Technik, ein konstruktives Handeln betrachtete (das *poiein*) und diese Kunst mit anderen Kunstformen verglich, die besondere Fähigkeiten verlangen, wenn sie gelingen sollen. Der platonische Dialog *Politikos* oder *Der Staatsmann*, der erklärt, worin das königliche Wissen besteht, also das besondere Wissen desjenigen, der regieren muss, ist ein gelehrter Vergleich zwischen der Kunst des Regierens und der des Webens. Im Übrigen hat die bis zum Überdruss zitierte Ähnlichkeit zwischen der Regierungskunst und der Fähigkeit des Lenkens von Schiffen uns im Italienischen das Wort *governo* und seine Ableitungen hinterlassen, deren wir uns bedienen, ohne an die ursprüngliche Bedeutung zu denken, es sei denn, wir sehen es in ganz anderen historischen Situationen und Umgebungen wieder auftauchen, zum Beispiel als wir erfuhren, dass Mao der »Große Steuermann« genannt wurde[9].

Im gesamten Verlauf der jahrhundertealten Debatte über die Staatsräson wurde das »amoralische« Verhalten der Politiker immer wieder nicht nur mit dem Argument des Notstands, sondern auch mit der Eigenart der politischen Kunst selbst gerechtfertigt, welche den, der sie ausübt, zu moralisch verwerflichen, doch von der Eigenart und dem Ziel dieser Tätigkeit geforderten Handlungen zwingt. Wenn es eine politische Ethik gibt, die sich von der eigentlichen Ethik unterscheidet, dann liegt das dieser Argumentation zufolge daran, dass Politiker, wie auch Ärzte, Kaufleute oder Priester, ihren Beruf nicht ausüben könnten, ohne einem eigenen Verhaltenskodex zu gehorchen, der in seiner Besonderheit nicht unbedingt mit dem Kodex der allgemeinen Moral, aber auch nicht mit jenem anderer Berufe zusammenfallen muss. Die politische Ethik wird damit zur Ethik des Politikers, und als Ethik des Politikers, also als Sonderethik, kann sie ihre berechtigten Gründe für die Billigung eines Verhaltens anführen, das dem Volk unmoralisch erscheinen mag, dem Philosophen jedoch schlicht als notwendige Anpassung eines Mitglieds an die Ethik seiner Berufsgruppe erscheint. Man lese noch einmal den bereits zitierten Passus von Croce, und man wird sehen, dass die Bewertung der politischen Tätigkeit als eines Berufs unter anderen Berufen nichts von ihrer Attraktivität verloren hat. Nachdem er die verbreitete, seiner Ansicht nach irrige Forderung der »Dummköpfe«, der Politiker solle ehrlich sein, verurteilt hat, lässt Croce sich zu folgendem Urteil hinreißen: »Während niemand, wenn es darum geht, die eigenen Leiden kurieren zu lassen oder sich einer chirurgischen Operation zu unterziehen, einen ehrlichen Mann verlangt [...], hingegen alle nach Ärzten und Chirurgen suchen und sich beschaffen, die, ob ehrlich oder unehrlich, nur Könner in der Medizin und Chirurgie sein müssen [...], verlangt man in der Politik nicht Politiker [also Männer, die ihren Beruf als Politiker auszuüben verstehen, sei zur Erläuterung hinzugefügt], sondern ehrliche Männer, die bestenfalls mit Fähigkeiten anderer Art begabt sind.« Und Croce fährt fort: »Denn es liegt auf der Hand, dass die Mängel, die ein fähiger, mit politischem Talent ausgestatteter Mann möglicherweise haben kann, sollten sie andere Tätigkeitsfelder betreffen, ihn auf diesen Gebieten ungeeignet machen, darum aber nicht auch in der Politik.«[10] Ich möchte die Aufmerksamkeit auf dieses »ungeeignet« lenken, was umgekehrt an eine »Eignung« in der Politik denken lässt, die offenkundig nicht die der Moral ist.

Die Theorie von der Überlegenheit der Politik

Jetzt gehe ich von Konzepten des abgemilderten oder korri-
gierten Monismus (»es gibt nur eine Moral, aber in außergewöhnlichen Situationen oder bei besonderen Tätigkeits-
feldern hat sie keine Gültigkeit mehr«) zum Programm eines
erklärten, jedoch nur scheinbaren Dualismus über. Ich bitte
um Verständnis für meine fortwährende Bezugnahme auf
juristische Kategorien, doch auch in diesem Fall kommt mir
ein bekanntes rechtswissenschaftliches Prinzip zur Hilfe,
dem zufolge von zwei übereinander, also hierarchisch ge-
ordneten und einander widersprechenden Normen stets die
höherrangige überwiegt.

Eine der möglichen Lösungen für das Problem der Beziehungen zwischen Moral und Politik besteht darin, Moral
und Politik als zwei unterschiedene, jedoch nicht vollkommen voneinander getrennte Normensysteme zu betrachten,
die allerdings in einer hierarchischen Ordnung aufeinander
aufbauen. Natürlich kann eine solche Lösung zwei Versionen
haben: Entweder ist das moralische System dem politischen
überlegen, oder das politische ist dem moralischen überlegen.
Ein typisches Beispiel für die erste Version findet sich in der
praktischen Philosophie Croces, ein Beispiel für die zweite
in jener G. W. F. Hegels. In Croces System sind Wirtschaft
und Ethik zwei getrennte Sphären, sie sind einander weder
entgegengesetzt, noch liegen sie auf derselben Ebene. Erstere
ist überlegen, weil sie zum Moment des Geistes gehört, der
das unterlegene Moment *übertrifft*. Die Politik gehört zur
Sphäre der Wirtschaft, nicht zu jener der Ethik. »Übertreffen« bedeutet nicht unbedingt auch Überlegenheit im axio-
logischen Sinne, doch immer dann, wenn er sich Machiavellis Frage nach dem Verhältnis von Ethik und Politik stellt,
scheint Croce einzuräumen, dass die beiden Momente sich
durch ihre jeweilige Stellung in der Wertehierarchie unter-

scheiden. Welche Konsequenzen das hat, wird allerdings nicht immer deutlich. Muss eine politische Handlung, die der Moral zuwiderläuft, verurteilt werden? Was bedeutet es, dass sie in ihrer besonderen Sphäre erlaubt ist, wenn man anschließend einräumt, dass es eine axiologisch überlegene Sphäre gibt? Diese Fragen sind nicht leicht zu beantworten. Croce ist unzählige Male auf das Thema zurückgekommen. Ich beziehe mich hier auf einen Passus in dem Band *Ethik und Politik*, wo Croce einen Punkt deutlich hervorhebt: Der Bereich der Politik ist jener des Nutzens, der Geschäfte, der Verhandlungen und der Kämpfe, und bei diesen fortwährenden Auseinandersetzungen stehen Individuen, Völker und Staaten anderen Individuen, Völkern und Staaten misstrauisch gegenüber, weil jede Seite ihr eigenes Dasein bewahren und fördern will und das der anderen nur in dem Maße respektiert, in dem es dem eigenen Wohl dient. Im Fortgang seiner Überlegungen warnt Croce dann vor dem verbreiteten Irrtum, der die Lebensformen voneinander trennt. Er fordert dazu auf, törichte moralisierende Einwände zurückzuweisen und jeden Widerstreit, den man zwischen Politik und Moral zu entdecken glaubt, *a priori* als Irrtum zu bewerten. Denn entweder bereitet das politische Leben das moralische Leben vor oder es ist selbst das Werkzeug des moralischen Lebens. Kurzum, in Croces Dialektik, keine Dialektik der Gegensätze, sondern einer Dialektik der Unterscheidung zwischen Gestalten des Geistes, von denen eine der anderen überlegen ist, werden Moral und Politik als unterschiedliche Sphären interpretiert, und wie man am letzten Teil des oben erwähnten Passus sieht, ist die Moral der Politik übergeordnet.

Im Gegensatz dazu hält Hegel, obwohl auch er die Existenz zweier Systeme einräumt, das politische System für hierarchisch überlegen, und diese Überlegenheit des politischen Systems liefert ihm ein ausgezeichnetes Argument, um das unmoralische Verhalten des Politikers zu rechtfertigen. Wenn und insofern dieses Verhalten nämlich mit einer höheren Norm übereinstimmt, dann muss die Norm des unterlegenen Normensystems, mit der es nicht vereinbar ist, durch die höhere Norm als außer Kraft gesetzt, mithin als ungültig angesehen werden. Um die üblichen Schulbeispiele zu nennen: Wenn es im Normensystem einer Gruppe von *latrones* oder Piraten oder »Räubern« oder – warum nicht? – von Zigeunern, ganz zu schweigen von der Mafia, der Camorra *et similia*, die zu unserer alltäglichen Erfahrung gehören, eine Norm gibt, die Diebstahl erlaubt (nicht unter Mitgliedern der Gruppe, versteht sich), so muss das Verbot des Diebstahls in dem für unterlegen gehaltenen Normensystem, sei es nun das des Staates oder der Kirche oder einer Ethik von Mitgliedern anderer Gruppen, als aufgehoben gelten, weil es mit der Norm des vermeintlich überlegenen Systems unvereinbar ist. Also können auch die Staaten, nach dem berühmten Wort des heiligen Augustinus, *magna latrocinia* sein.

Mit umso größerem Recht musste derjenige, der den Staat nicht als ein *magnum latrocinium*, sondern als das »an und für sich Vernünftige«, als das höchste Moment der Sittlichkeit ansieht, welche ihrerseits wieder das höchste Moment des objektiven Geistes ist (der praktischen Philosophie in der traditionellen Bedeutung des Begriffs), die höchsten Imperative des Staates über alle Imperative der individuellen Moral setzen. Hegels System ist nicht zuletzt wegen seiner Einzigartigkeit ein großes, außerordentlich aufschlussreiches Beispiel für die totale Umkehrung des traditionellen Verhältnisses von Moral und Politik, das zuvor eine seiner erhabensten Ausdrucksformen im Kantischen Denken gefunden hatte. Hegels System eignet sich daher hervorragend, um eine Rechtfertigung der Amoralität der Politik zu erläutern, die sich von allen anderen bisher untersuchten unterscheidet: Die Moral im herkömmlichen Wortsinn wird von Hegel nicht aus dem System ausgemerzt, sondern als ein untergeordnetes Moment in der Entwicklung des objektiven Geistes begriffen, welche ihre Vollendung in der kollektiven Moral oder Sittlichkeit findet (deren Träger der Staat ist).

Hegel war ein Bewunderer Machiavellis, dessen Loblied er schon in seiner Jugendschrift über die Verfassung Deutschlands sang. Politisch war er ein Realist, der wusste, wie er das Geschwätz der Prediger einzuschätzen hatte, wenn die Husaren mit ihren blitzenden Säbeln auf den Plan treten. Soll die Majestät des Staates, »die reiche Gliederung des Sittlichen in sich, welche der Staat ist«, sich etwa vor jenen verbeugen, die ihm den »Brei des Herzens, der Freundschaft und Begeisterung« entgegensetzen[11]?

Im Paragraph 337 der *Grundlinien einer Philosophie des Rechts* fasst Hegel seine Auffassung in diesem Punkt kurz, aber erschöpfend zusammen: »Es ist zu einer Zeit der Gegensatz von Moral und Politik und die Forderung, dass die zweite der ersten gemäß sei, viel besprochen worden«[12]. Doch diese Diskussion, so Hegel, habe ihre Zeit gehabt und sei spätestens dann anachronistisch geworden, als man begriffen habe, dass das Wohl des Staates eine vollkommen andere »Berechtigung« hat als das Wohl des Einzelnen. Denn der Staat hat einen »konkreten« Daseinsgrund, und nur seine konkrete Existenz kann das Prinzip seines Handelns sein, nicht aber ein abstrakter moralischer Imperativ, der vollkommen absieht von den Erfordernissen und Verpflichtungen der historischen Entwicklung. Deren Protagonist ist nämlich nicht das einzelne Individuum, ja nicht einmal die Summe aller Individuen, sondern einzig und allein der Staat. Hieraus leitet sich unter anderem die bekannte These ab, dass nur die Weltgeschichte, keine ahistorische Moral, die ihr (von wem?) übergeordnet wird, über das gute und schlechte Handeln der Staaten richten kann, von denen das Schicksal der Welt weit eher abhängt als vom wie immer moralischen Verhalten dieses oder jenes einzelnen Individuums. Mir erscheint es daher richtig, zu behaupten, dass die Gültigkeit der individuellen Moral für Hegel der Moral des Staates untergeordnet ist und dieser weichen muss, wenn die historische Aufgabe des Staates dies erfordert.

Der Zweck heiligt die Mittel

Eine nicht mehr nur scheinbare, sondern echte dualistische Lösung ist jene, die unter dem Begriff »machiavellistisch« in die Geschichte eingegangen ist, weil sie zu Recht oder zu Unrecht dem Autor des *Fürsten* zugeschrieben wird. Hier gründet der Dualismus auf der Unterscheidung zwischen zwei Handlungstypen, den finalen Handlungen, die einen intrinsischen Wert haben, und den instrumentellen Handlungen, die nur insofern einen Wert haben, als sie dem Erreichen eines bestimmten Ziels dienen, dem allein ein intrinsischer Wert zugesprochen wird. Während finale Handlungen, etwa mit dem Ziel, leidenden Mitmenschen zu helfen, und generell alle traditionellen »wohltätigen Werke« als an sich gut bezeichnet und nur nach sich selbst beurteilt werden, weil sie »selbstlose« Handlungen sind, die eben keinem anderen Zweck dienen als dem, eine gute Tat zu tun, werden instrumentelle oder Handlungen, die gemäß einem außerhalb ihrer selbst liegenden Maßstab als gut bezeichnet werden, nach ihrer besseren oder schlechteren Eignung für die Erreichung eines Zwecks beurteilt.

Es gibt keine Moraltheorie, die diese Unterscheidung nicht berücksichtigt. Ihr entspricht, um ein bekanntes Beispiel zu geben, die Unterscheidung Max Webers zwischen »wertrationalen« und »zweckrationalen« Handlungen. Ebenso gibt es keine Moraltheorie, der nicht bewusst wäre, dass dieselbe Handlung auf zwei unterschiedliche Weisen beurteilt werden kann, je nachdem in welchem Kontext sie erfolgt und mit welcher Absicht sie durchgeführt wird. Dem Bedürftigen zu helfen, eine Handlung, die gewöhnlich als Beispiel für eine an sich gute Tat angeführt wird, verwandelt sich in eine Handlung, die im Hinblick auf einen außer ihr liegenden Zweck als gut oder schlecht beurteilt werden muss, wenn sie nur vollzogen wird, um einen Preis für Tugend zu erlangen. Erhält der Handelnde diesen Preis nicht, kann man sagen, dass die Handlung zwar wertrational, aber nicht zweckrational war.

Der Kern des Machiavellismus besteht weniger darin, dass er zwischen an sich guten und nach einem äußeren Maßstab guten Handlungen unterscheidet, als dass er die Trennung von Moral und Politik auf eben diese Unterscheidung gründet. Er definiert die Politik als Sphäre instrumenteller Handlungen, die als solche nicht aus sich selbst, sondern nach ihrer Eignung zum Erreichen des gesetzten Ziels beurteilt werden müssen. Das erklärt, warum man im Zusammenhang mit der machiavellistischen Lösung von einer Amoralität der Politik gesprochen hat. Ihr Gegenstück wäre der allerdings nicht gebräuchliche (weil unnötige) Ausdruck vom »apolitischen Charakter der Moral«. Amoralität der Politik bedeutet, dass die Politik als eine Gesamtheit von Tätigkeiten, die von Normen geleitet und nach einem bestimmten Kriterium bewertet werden, nichts mit der Moral als einer Gesamtheit von Handlungen zu tun hat, die anderen Normen unterliegen und nach einem anderen Kriterium beurteilt werden. Deutlich tritt hier nun der Unterschied zwischen dieser auf die Vorstellung einer vollkommenen Trennung und Unabhängigkeit von Moral und Politik gegründeten Lösung, die man daher ohne Einschränkung dualistisch nennen darf, und den zuvor untersuchten Lösungen zutage. Denn bei diesen fehlt entweder die Trennung der beiden Sphären, weil sie die Politik, wenngleich mit einer eigenen Verfassung, in das moralische Normensystem eingliedern, oder ihnen fehlt die Unabhängigkeit, da Moral und Politik zwar unterschieden werden, aber wechselseitig voneinander abhängig sind. Als Grundprinzip der machiavellistischen Lösung oder auch der Idee von der Amoralität der Politik gilt der Satz »Der Zweck heiligt die Mittel«. Zur Verdeutlichung könnte man im Gegensatz dazu die nichtpolitische Sphäre (jene, wohlgemerkt, die man mit dem Vaterunser regiert) als eine Sphäre bezeichnen, wo der Rückgriff auf die Unterscheidung zwischen Mitteln und Zwecken nicht statthaft ist, weil jede Handlung unabhängig von ihrem Zweck für sich selbst nach dem ihr innewohnenden Wert oder Unwert beurteilt werden muss. In einer rigoristischen Ethik wie derjenigen Kants und generell in Pflichtethiken ist die Berücksichtigung eines äußeren Zwecks der Handlung nicht nur unangemessen, sondern sogar unmöglich, denn die Handlung darf, will sie moralisch sein, keinen anderen Zweck haben als die Erfüllung von Pflichten, und eben diese Pflichterfüllung ist der intrinsische Wert der Handlung.

Die Maxime »Der Zweck heiligt die Mittel« findet sich zwar nicht wörtlich bei Machiavelli, doch ihre Entsprechung wird gewöhnlich in dem Passus des achtzehnten Kapitels des *Fürsten* gesehen, wo Machiavelli auf die Frage, ob der Fürst verpflichtet sei, Abmachungen einzuhalten (das Prinzip *pacta sunt servanda* ist ein universaler moralischer Grundsatz, unabhängig von seinem religiösen, rationalen, utilitaristischen oder anders gearteten Fundament), antwortet, dass die Fürsten, die »Großes« getan haben, wenig Rücksicht auf ihr gegebenes Wort nahmen. Aus diesem Passus geht klar hervor, dass die »große Tat« das Ziel ist, das im Verhalten des Staatsmanns zählt, und das Erreichen dieses Ziels erlaubt Handlungen wie das Nichteinhalten von Abmachungen, die von jenem anderen Moralkodex verurteilt werden, auf den die gewöhnlichen Sterblichen verpflichtet sind. Worin die großen Taten bestehen, geht aus diesem Passus nicht so klar hervor. Doch eine erste Antwort findet man schon am Ende desselben Kapitels, wo es heißt, für den Fürsten sei nur eines wichtig: »Siegen und seine Herrschaft behaupten.«

Eine zweite, klarere und umfassendere Antwort findet sich in einem Passus der *Discorsi*, in dem Machiavelli die Theorie der Trennung eingehend würdigt: »Wo es um das Sein oder Nichtsein des Vaterlandes geht, gibt es kein Bedenken, ob gerecht oder ungerecht, mild oder grausam, löblich oder schimpflich. Man muss vielmehr alles beiseite setzen und die Maßregel ergreifen, die ihm das Leben rettet und die Freiheit erhält.«[13] Nichts Neues unter der Sonne: In diesem Abschnitt erläutert Machiavelli lediglich mit Hilfe einer besonders wirkungsvollen Rhetorik die Maxime: »*Salus rei publicae suprema lex*«, indem er dem einzigen Prinzip, von dem sich das politische Urteil leiten lassen darf, dem Prinzip der »Rettung des Vaterlandes«, andere mögliche Beurteilungskriterien des menschlichen Handelns gegenüberstellt, die auf der Unterscheidung zwischen gerecht und ungerecht, gnädig und grausam, lobenswert und verwerflich beruhen und die sich alle, wenngleich unter verschiedenen Gesichtspunkten, auf Kriterien der allgemeinen Moral beziehen.

Die zwei Ethiken

Es gibt eine Theorie von der Beziehung zwischen Moral und Politik, die das Prinzip der Trennung beider Bereiche bis in seine extremen Konsequenzen zu Ende gedacht hat und darum den reinsten Dualismus repräsentiert. Sie geht von der Existenz zweier Ethiken aus, die auf unterschiedlichen Kriterien zur Beurteilung von Handlungen beruhen. Da diese Ethiken nicht notwendig zu übereinstimmenden Urteilen über dieselbe Handlung führen, sind sie weder miteinander vereinbar, noch können sie in eine hierarchische Ordnung gebracht werden. Ein klassisch gewordenes Beispiel für die Theorie der zwei Ethiken ist die Weber'sche Unterscheidung zwischen Gesinnungs- und Verantwortungsethik. Was diese beiden Ethiken unterscheidet, ist das jeweils andere Kriterium, mit dem sie eine Handlung als gut oder schlecht beurteilen. Erstere bedient sich eines Kriteriums, das vor der Handlung liegt, eines Prinzips, einer Norm, allgemein einer präskriptiven Aussage. Sie hat die Funktion, mehr oder weniger entscheidend Einfluss auf die Ausübung einer Handlung zu nehmen und soll es gleichzeitig ermöglichen, eine konkrete Handlung positiv oder negativ zu beurteilen, je nachdem ob sie vom abstrakten Handlungsmuster in der vorgegebenen Norm abweicht oder mit ihm übereinstimmt. Demgegenüber bedient sich die zweite Ethik zur positiven oder negativen Beurteilung einer Handlung eines Kriteriums, das der Handlung nachgeordnet ist, nämlich des Resultats, und beurteilt die Handlung danach, ob das gewünschte Resultat erreicht wurde oder nicht. Man kann diese beiden Ethiken auch als Prinzipienethik und Ergebnisethik bezeichnen. In der Geschichte der Moralphilosophie entsprechen ihr einerseits die deontologischen Ethiken, wie die Kantische, und andererseits die teleologischen Ethiken, wie die heute vorherrschende utilitaristische Ethik.

Zwischen diesen beiden Ethiken gibt es keine Übereinstimmung: Was gemessen an den vorausliegenden Prinzipien gut ist, muss nicht gut sein, wenn man es nach dem Ergebnis beurteilt, und umgekehrt. Nach dem Prinzip »Du sollst nicht töten« ist die Todesstrafe zu verurteilen. Am Ergebnis gemessen, zum Beispiel aufgrund des empirischen Nachweises einer deutlich einschüchternden Wirkung der Todesstrafe, könnte sie jedoch gerechtfertigt werden (tatsächlich haben die Abolitionisten sich bemüht, anhand von statistischen Daten zu beweisen, dass die Todesstrafe keine nachhaltig abschreckende Wirkung hat).

Diese Unterscheidung zieht sich durch die gesamte Geschichte der Moralphilosophie, unabhängig davon, ob sie in Zusammenhang mit der Unterscheidung zwischen Moral und Politik steht. Im Hinblick auf dieses Verhältnis wird die Unterscheidung zweier Ethiken relevant, wenn man behauptet, dass die Ethik des Politikers ausschließlich eine Verantwortungsethik (oder Ergebnisethik) sei, dass das Handeln des Politikers nach seinem Erfolg oder Misserfolg beurteilt werden müsse und dass es ein Zeichen von abstraktem Moralismus, mithin von mangelndem Verständnis der Weltgeschäfte sei, wenn man dieses Handeln nur nach dem Kriterium der Prinzipientreue beurteilt. Wer nach Prinzipien handelt, kümmert sich nicht um das Ergebnis seiner Handlungen, er tut das, was er tun muss, komme was da wolle. Wer sich ausschließlich um das Ergebnis kümmert, ist nicht zimperlich, was die Übereinstimmung mit Prinzipien betrifft, er tut das, was getan werden muss, damit das kommt, was er will. Der Richter, der den geständigen Terroristen fragt, ob das Gebot »Du sollst nicht töten« für die Terroristen ein Problem darstellte, repräsentiert die Prinzipienethik. Der Terrorist, der antwortet, das Gelingen oder Nichtgelingen ihrer Aktionen sei für die Gruppe das einzige Problem gewesen, repräsentiert die Ergebnisethik. Wenn der Terrorist geständig ist, dann nicht, weil er bereut, das Moralgesetz gebrochen zu haben, sondern weil er seine politische Aktion gemessen an den gesetzten Zielen als letztendlich gescheitert ansieht. In diesem Sinne darf er eigentlich nicht als geständig gelten, eher als jemand, der zu dem Schluss gekommen ist, dass er einen Fehler begangen hat. Damit erkennt er jedoch weder eine Schuld noch einen Irrtum an.

Man kann sein Ziel verfehlen, man kann aber auch ein anderes als das gesteckte Ziel erreichen. Als er während des Prozesses vernommen wurde, sagte der Attentäter des Erzherzogs Ferdinand: »Ich habe nicht vorhergesehen, dass der Krieg auf das Attentat folgen würde. Ich glaubte, das Attentat würde die Jugend für nationalistische Ideen begeistern.« Und einer seiner Komplizen, dessen Schuss nicht traf, sagte: »Dieses Attentat hat Konsequenzen gehabt, die man nicht vorhersehen konnte. Hätte ich gewusst, was daraus folgte, ich hätte mich selbst auf diese Bombe gesetzt und mich in Stücke reißen lassen.«

In diesen Jahren eines wiedererwachten Interesses am Werk von Max Weber muss seine Unterscheidung zwischen zwei Ethiken nicht mehr ausführlich erläutert werden, obwohl die Bemerkung angebracht ist, dass die Rückführung der ganzen Politik auf eine Verantwortungsethik eine missbräuchliche Weiterung des Weber'schen Denkens darstellt. Wenn es um die Ethik geht (nicht die Meta-Ethik), also die persönliche Gesinnung (nicht die abstrakte Theorie), ist Weber zu einer solchen Rückführung keineswegs bereit. Beim Handeln des einflussreichen Politikers dürfen Gesinnungsethik und Verantwortungsethik, so Weber, nicht unverbunden bleiben. Erstere ist, für sich genommen und ins Extrem getrieben, typisch für den Fanatiker, eine unter moralischen Gesichtspunkten abstoßende Figur. Die zweite charakterisiert die moralisch nicht weniger verwerfliche Figur des Zynikers, trennt man sie vollkommen von den Prinzipien, welche die großen Taten gebären, und richtet sie ausschließlich auf den Erfolg einer Handlung (man denke an Machiavellis »Lass nur einen Fürsten siegen«).

Gibt es eine Beziehung zwischen den verschiedenen Theorien?

Zum Abschluss dieses Überblicks über die »Rechtfertigungen« erscheint mir eine Beobachtung interessant, die sich gerade durch die zuletzt beschriebene Theorie aufdrängt, da diese, vorausgesetzt man akzeptiert die Unterscheidung zwischen der Moral als Gesinnungsethik und der Politik als Verantwortungsethik, die offenkundig drastischste Lösung bietet. Wie dem Leser vielleicht schon aufgefallen ist, verweisen alle fünf Rechtfertigungen aufeinander, so dass sie im Grunde als fünf Variationen desselben Themas angesehen werden können. Damit ist natürlich nicht ausgeschlossen, dass es möglich und nützlich ist, sie unter analytischen und historischen Gesichtspunkten voneinander zu unterscheiden, wie in den vorangegangenen Abschnitten geschehen. Auf einer absteigenden Linie, also indem man unseren Weg noch einmal rückwärts geht, verknüpft sich die letzte Variation, die Verantwortungsethik, mit der vorhergehenden, der machiavellistischen Lehre, nach der im politischen Urteil nur die Eignung des Mittels zur Erreichung eines Ziels relevant ist und Prinzipien dabei nicht berücksichtigt werden müssen. Diese wiederum verweist, indem sie die »Rettung des Vaterlandes« als höchstes Ziel politischen Handelns bezeichnet und das Urteil über Recht oder Unrecht einzelner Handlungen vom Grad ihrer Übereinstimmung mit diesem Endziel abhängig macht, unmittelbar auf die ihr vorausgehende Lösung, diejenige Hegels, der ja nicht zufällig ein Bewunderer Machiavellis war. Für Hegel hat der Staat (das »Vaterland« in Machiavellis *Discorsi* und in der Sprache der traditionellen politischen Moral die *res publica*) einen »konkreten« Daseinsgrund, welcher wiederum die »Staatsräson« bei jenen politischen Autoren ist, die die Geburt und Entwicklung des modernen Staates beobachtet und kommentiert haben. Dieser konkrete Daseinsgrund leitet dann als ausschließliches Prinzip das Handeln des Herrschers, mithin auch das positive oder negative Urteil über dieses Handeln. Genau betrachtet entspringt auch unsere zweite Variation, die Rechtfertigung, die auf der Besonderheit von Berufsethiken basiert, einem klaren Vorrang des Handlungsziels als Bewertungskriterium: Was den einzelnen Beruf charakterisiert, ist nämlich das allen Mitgliedern der Gruppe gemeinsame Ziel, wie die Gesundheit des Körpers für die medizinische Zunft oder die Gesundheit der Seele für die Priester. Es ist nun vollkommen legitim, zu diesen spezifischen Berufszielen eine dritte Form der Gesundheit zu zählen, die nicht weniger bedeutsam ist als die beiden anderen, die *salus rei publicae* als besonderes Ziel des Politikerberufs. Zuletzt kann auch die erste Variation, die auf Ausnahmen vom Gesetz im Fall eines Notstands gründet und meiner Meinung nach die gängigste Lösung ist, weil sie im Grunde genommen am wenigsten Anlass zu moralischer Empörung bietet und für denjenigen, der auf dem Standpunkt der allgemeinen Moral steht, die akzeptabelste ist, als eine Abweichung vom rechten Weg interpretiert werden. Denn diese Abweichung wird damit begründet, dass der rechte Weg unter den besonderen Umständen eines Notfalls zu einem anderen Ziel als dem gesetzten oder eventuell sogar zu gar keinem Ziel führt.

Es würde sich lohnen, all diese Rechtfertigungsgründe (und mögliche andere) auf die Probe zu stellen, indem man sie mit einem konkreten historischen Fall konfrontiert, einem jener Grenzfälle, wie sie beispielhaft in der traditionellen Gestalt des Tyrannen erscheinen, wo die Divergenz zwischen dem Verhalten, das die Moral dem gewöhnlichen Menschen vorschreibt, und dem Verhalten des Mannes der Politik besonders offenkundig wird. Ein solch exemplarischer Fall ist die Herrschaft Iwans des Schrecklichen, die in der russischen und sowjetischen Geschichtsschreibung eine mittlerweile seit Jahrhunderten anhaltende, sehr breite und leidenschaftliche Debatte ausgelöst hat.

Obwohl man viele andere Fälle anführen könnte, verweise ich auf diesen, nicht nur weil er wirklich ein Grenzfall ist, sondern vor allem weil ein Historiker, der für das hier angesprochene Problem sehr empfänglich ist, eine gelehrte, ausführliche Abhandlung darüber verfasst hat[14]. Bei der Verteidigung des Mannes, der als Gründer des russischen Staates angesehen wurde, tauchen die hier untersuchten Rechtfertigungsgründe in mehr oder weniger expliziter Form sämtlich auf. Insbesondere das erste, der Notstand, und das letzte, das erzielte Ergebnis. Doch was all diese *iustae causae* zusammenhält, ist die Rücksicht auf die Großartigkeit des Ergebnisses, welches exakt dem »Großen« bei Machiavelli entspricht. Einer der hier besprochenen Historiker, I. I. Smirnov, spricht von der »objektiven Notwendigkeit, die wichtigsten Vertreter der feindlichen aristokratischen und bojarischen Familien physisch auszurotten«[15]. Da haben wir es wieder: Not kennt kein Gebot. Eine alte Weisheit besagt, dass man niemanden zu einer unmöglichen Handlung zwingen kann. Derselben Logik folgend müsste man sagen, dass man diesem Menschen ebenso wenig verbieten kann, zu tun, was notwendig ist. Wenn die unmöglichen Umstände mit dem Befolgen von Befehlen unvereinbar sind, ist der Notstand auch unvereinbar mit dem Befolgen von Verboten. Die Berufung auf den Notstand hängt eng mit der Berufung auf das Resultat zusammen: Eine Handlung wird »objektiv notwendig«, wenn sie als einzig mögliche Bedingung zum Erreichen des gewünschten und als gut beurteilten Ziels gilt. Tatsächlich kommt Smirnov unvermeidlich zu dem Schluss, dass der Kampf um die Zentralisierung zwar »grausame Formen« annahm, dies aber der Preis war, den man für den Fortschritt und die Befreiung von den »Kräften der Reaktion und der Stagnation« bezahlen musste[16]. Gemeint ist Iwan, doch man denkt sofort an Stalin. Yanovs Kommentar lautet daher auch: »Analog zu dieser Argumentation müsste ein Historiker, der überzeugt ist, dass Sowjetrussland in den dreißiger Jahren tatsächlich von Verrätern wimmelte, dass das gesamte Führungspersonal des Landes sich gegen den Staat verschworen hatte und dass die Versklavung der Bauern während der Kollektivierung und die aufopferungsvolle Hingabe der Arbeiter und Angestellten an ihre Arbeit für das Überleben des Staates ›historisch notwendig‹ gewesen sind, den totalen Terror und den Gulag als ›moralisch gerechtfertigt‹ ansehen.«[17]

Zum Abschluss eine letzte Überlegung. Gemeinsames Kennzeichen all dieser Rechtfertigungen ist die Rückführung der Regeln politischen Verhaltens auf hypothetische Normen, seien dies bedingende Normen von der Art »wenn A, dann muss B sein«, wie es bei der Rechtfertigung aufgrund eines bestimmten Verhältnisses zwischen Regel und Ausnahme der Fall war, oder auf technische und pragmatische Normen vom Typ »Wenn du A willst, musst du B«, wo A ein mögliches, aber auch ein notwendiges Ziel sein kann, wie in allen anderen Variationen. Dieser Ausschluss von kategorischen Imperativen aus der politischen Sphäre entspricht übrigens der verbreiteten Vorstellung, wonach sich Staatsmänner in ihrem Verhalten von Regeln der Klugheit leiten lassen. Aus dieser Art Regeln folgt nicht eine unbedingte Verpflichtung, die keinerlei Rücksichten auf die Situation oder das Handlungsziel nimmt, sondern nur eine bedingte Verpflichtung, die in einer bestimmten Situation oder zur Erreichung eines gesetzten Ziels eingegangen werden muss. Dieses wesentliche Kennzeichen aller Theorien politischer Moral lässt sich durch nichts besser erläutern als durch jenen Gedanken Kants, dem wir die erste und vollständigste Ausarbeitung der Unterscheidung zwischen kategorischen und hypothetischen Imperativen verdanken: »Die

Politik sagt: ›Seid klug wie die Schlangen‹; die Moral setzt
(als einschränkende Bedingung) hinzu: ›und ohne Falsch
wie die Tauben‹.«[18]

Kritische Bemerkungen

Es sei noch einmal deutlich hervorgehoben, dass alle diese
Rechtfertigungen (welchen Wert sie auch immer haben
mögen, doch etwas müssen sie wert sein, da sie einen so
großen Raum in der politischen Philosophie der Moderne
einnehmen) nicht danach streben, die moralische Frage aus
der Politik zu eskamotieren, sondern gerade aufgrund der
großen Bedeutung dieser Frage versuchen, ihre Begriffe zu
klären und ihre Grenzen festzulegen. Ich sagte bereits, dass
man die Ausnahme, nicht die Regel rechtfertigt. Die Ausnahme muss aber gerade deswegen gerechtfertigt werden,
weil die Regel in allen Fällen, in denen die Ausnahme nicht
gerechtfertigt werden kann, weiterhin gültig ist. Ungeachtet
aller Rechtfertigungen des politischen Verhaltens, das von
den Regeln der allgemeinen Moral abweicht, bleibt der
Tyrann ein Tyrann und kann als jemand definiert werden,
dessen Verhalten sich durch keine unserer Theorien rechtfertigen lässt, obwohl alle eine gewisse normative Autonomie der Politik im Verhältnis zur Moral anerkennen. Machiavelli sagt zwar, wenn es um das Heil des Vaterlandes ginge,
dürfe es keinerlei Bedenken geben, ob das Handeln »mild
oder grausam« sei, doch er verurteilt Agathokles als Tyrann,
weil dieser seine Grausamkeiten »schlecht nutzte«.

Ich komme noch einmal kurz auf die verschiedenen
Theorien zurück:

1. Das eingangs Gesagte gilt auch für die Theorie des Notstands, der die Regel bestätigt, gerade weil er eine Ausnahme
darstellt. Würde das Kriterium der Ausnahme nämlich in

allen Fällen gelten, gäbe es keine Ausnahme und keine Regel mehr. Wer die Abweichung von der Regel nur als gerechtfertigt erlaubt, setzt voraus, dass es Abweichungen gibt, die nicht gerechtfertigt werden können und als solche unzulässig sind.

— 2. Die politische Ethik ist die Ethik desjenigen, der eine politische Tätigkeit ausübt, doch wer in der moralischen Frage mit einer besonderen Berufsethik argumentiert, versteht unter dieser politischen Tätigkeit nicht die Macht als solche, sondern die zum Erreichen eines Ziels notwendige Macht, und dieses Ziel ist das Gemeinwohl, das kollektive oder allgemeine Interesse. Gemeint ist also nicht das Regieren um seiner selbst willen, sondern das gute Regieren. Darum ist eines der traditionellen, immer wieder erneuerten Unterscheidungskriterien zwischen der guten und schlechten Regierung die Frage, welches besondere Ziel mit der politischen Tätigkeit verfolgt wird: Die gute Regierung ist jene, die das Gemeinwohl verfolgt, die schlechte Regierung jene, die ihr eigenes Wohl verfolgt.

— 3. Ist die Politik der Moral überlegen? Nicht jede Politik, sondern nur die Politik desjenigen, der in einer bestimmten historischen Epoche das höchste Ziel der Entäußerung des objektiven Geistes verwirklicht, also die Politik des Heroen oder des Mannes der Weltgeschichte.

— 4. Der Zweck heiligt die Mittel. Doch wer rechtfertigt den Zweck? Muss der Zweck seinerseits etwa nicht gerechtfertigt werden? Ist jedes Ziel, das der Staatsmann sich setzt, ein gutes Ziel? Sollte es nicht ein letztes Kriterium geben, mit dem sich gute von schlechten Zielen unterscheiden lassen? Und muss man sich nicht fragen, ob schlechte Mittel nicht zufällig auch guten Zielen schaden?

— 5. Die politische Ethik ist eine Ethik der Ergebnisse, nicht der Prinzipien. Doch umfasst sie alle Ergebnisse? Muss man nicht wieder auf die Prinzipien zurückgreifen, wenn man gute von schlechten Ergebnissen unterscheiden will? Lässt sich das gute Ergebnis auf den unmittelbaren Erfolg reduzieren? Sind die Verlierer immer im Unrecht, nur weil sie besiegt wurden? Könnte der Verlierer von heute nicht der Sieger von morgen sein? *Victrix causa dies placuit / Sed victa Catoni.* Gehört Cato nicht zur Geschichte? Und so weiter und so fort.

Das Problem der Legitimität des Zwecks

All diese Fragen bieten keine Antwort, aber sie zeigen, in welcher Richtung man nach der Antwort suchen muss, und diese Richtung zielt nicht auf die Frage nach der Eignung der Mittel, sondern auf die nach der Legitimität der Zwecke. Die beiden Fragen schließen einander nicht aus, doch es handelt sich um zwei verschiedene Probleme, und sie sollten streng unterschieden werden. Die Frage nach der Eignung der Mittel stellt sich, wenn man die Effizienz einer Regierung beurteilen will, und dies ist eindeutig ein technisches, kein moralisches Urteil. Denn eine effiziente Regierung ist noch keine an sich gute Regierung. Wer Letzteres beurteilen will, begnügt sich nicht mit dem Erreichen des Ziels, sondern fragt: welches Ziel? Als Ziele politischen Handelns werden die Rettung des Vaterlandes, das allgemeine Interesse oder das Gemeinwohl (im Gegensatz zum Wohl des Regierenden, partikularen Interessen oder dem Eigennutz) erkannt, und erst dieses Urteil, das nun nicht mehr die Eignung der Mittel, sondern die Eigenart des Ziels betrifft, ist ein wirklich moralisches Urteil. Allerdings basiert es auf Gründen, die von allen Rechtfertigungstheorien angeführt werden, als moralisches Urteil auf einer anderen oder teilweise anderen Moral als der allgemeinen, herrschenden Moral, nach der das Handeln der einzelnen Individuen beurteilt wird. Auch wenn man die besonderen Gründe politischen Handelns berücksichtigt, die sogenannte »Staatsräson«, die wegen des Missbrauchs, der mit diesem Argument getrieben wurde, unheilvolle Episoden der Geschichte heraufbeschwört, bedeutet dies, dass die politische Tat zwar für sich selbst genommen nur auf die Unterscheidungsmerkmale der politischen Ethik verweist, sich aber ebenso wenig dem Urteil über zulässig oder unzulässig entziehen kann wie jede andere freie oder vermeintlich freie Tat des Menschen. Denn aus dieser Unterscheidung besteht das moralische Urteil, und es lässt sich nicht mit dem Urteil über geeignete oder ungeeignete Mittel verwechseln.

Man kann dasselbe Problem auch in anderer Form darstellen. Räumen wir ruhig ein, dass das politische Handeln in gewisser Weise nach dem Erwerb, dem Erhalt und der Erweiterung von Macht streben muss, der höchsten Macht des Menschen über den Menschen, der einzigen Macht, der man, wenngleich erst als letztes Mittel, das Recht zubilligt, Gewalt anzuwenden (und das ist es, was die Macht Alexanders von der des Piraten unterscheidet, der dieses Recht nicht hat). Dennoch sieht keine der hier beschriebenen Rechtfertigungstheorien den Erwerb, den Erhalt und die Erweiterung von Macht als an sich gute Ziele an. Keine dieser Theorien meint, dass das »unmoralische« politische Handeln (unmoralisch im Vergleich zur Moral des *Vaterunser*) allein dadurch gerechtfertigt ist, dass es sich *Großes* oder das *Heil des Vaterlandes* zum Ziel setzt. Nach der Macht um der Macht willen zu streben würde bedeuten, ein Mittel, das als solches am gleichen Maßstab gemessen werden muss wie der Zweck, in einen Selbstzweck zu verwandeln. Auch für denjenigen, der das politische Handeln als ein instrumentelles Handeln begreift, ist es kein Instrument zur Erreichung jedweden Ziels, das der Politiker verfolgen möchte. Hat man jedoch einmal zwischen einem guten und einem schlechten Ziel unterschieden, eine Unterscheidung, der sich keine Theorie des Verhältnisses von Moral und Politik entzogen hat, wird es unvermeidlich, auch zwischen dem guten und dem schlechten politischen Handeln zu unterscheiden, was bedeutet, dieses ebenfalls einem moralischen Urteil zu unterwerfen. Zur Verdeutlichung ein Beispiel. Häufig, in Italien sogar vorwiegend, betrifft die Debatte über die moralische Frage das Thema der Korruption in all ihren Formen, die übrigens im Strafgesetzbuch als Delikte verzeichnet sind. Dazu gehören die Verfolgung von Privatinteressen in Amtsausübung, die Unterschlagung öffentlicher Gelder oder der Missbrauch der Amtsgewalt. Ein weiteres Thema ist das nahezu ausschließlich Parteipolitiker betreffende Problem der Bestechungsgelder. Man muss nicht lange nachdenken, um zu erkennen, dass der Grund für die moralische Unzulässigkeit jeder Form politischer Korruption (ganz abgesehen von ihrer juristischen Unzulässigkeit) in der wohlbegründeten Vermutung liegt, dass der Politiker, der sich bestechen lässt, sein eigenes Interesse über das allgemeine Interesse, das eigene Wohl über das Gemeinwohl, die eigene Gesundheit und die seiner Familie über die Gesundheit des Vaterlandes gestellt hat. Und damit hat er die Pflichten desjenigen verletzt, der eine politische Tätigkeit ausübt, also eine politisch unrechte Tat begangen.

Wir könnten an dieser Stelle aber einen Schlusspunkt setzen, würde man in einem Rechtsstaat wie der Republik Italien, deren Gesundheitszustand Anlass zu den hier angestellten Überlegungen gab, das politische Handeln nur nach seiner Effizienz und nach Kriterien der Moral oder der politischen Moral beurteilen, die ich hier zu erläutern versucht habe. Darüber hinaus unterliegt es jedoch auch einem im engeren Sinne rechtlichen Urteil, nämlich seiner Übereinstimmung oder Nichtübereinstimmung mit den grundsätzlichen Normen der Verfassung, an denen auch die höchsten staatlichen Organe in Ausübung ihrer politischen Tätigkeit gemessen werden. Der Begriff des Rechtsstaates hat mehrere Bedeutungen, ich beziehe mich hier auf jene, die ihn als Herrschaft der Gesetze im Gegensatz zur Herrschaft der Menschen definiert und die Herrschaft der Gesetze im Sinne des modernen Verfassungsstaats versteht.[19]

Die Beurteilung der staatlichen Organe oder der Parteien als integralen Bestandteilen der politischen Hoheitsgewalt am Maßstab ihrer Übereinstimmung mit den Verfassungsnormen und den Prinzipien des Rechtsstaates kann, wie es in der aktuellen politischen Diskussion häufig geschieht, zu dem Ergebnis führen, dass ihr Verhalten als nicht verfassungsgemäß oder undemokratisch bewertet wird. Dies beispielsweise ist der Fall, wenn in der Gesetzgebung die Form des Regierungsdekrets einzig dazu missbraucht wird, das Vertrauensvotum für die Regierung notwendig und somit die Opposition mundtot zu machen; oder im Fall der Parteien durch ihre unkontrollierte Pöstchenverteilung und undurchsichtige Vetternwirtschaft in staatsabhängigen Institutionen und Unternehmen (des sogenannten *sottogoverno*) – Praktiken, die eines der Grundprinzipien des Rechtsstaats verletzen, die Sichtbarkeit der Macht und die Kontrollierbarkeit ihrer Ausübung.

Zwar differenziert die Kritik am Verhalten der Politiker häufig nicht zwischen den verschiedenen Urteilsformen und versieht sie alle drei mit dem Etikett der »moralischen Frage«. Doch die drei Urteilskriterien, das der Effizienz, das der Legitimität und das im eigentlichen Sinne moralische (man könnte es auch das Kriterium des Verdienstes nennen), dem ich mich hier ausschließlich gewidmet habe, müssen um der analytischen Klarheit und der Zuschreibung persönlicher Verantwortung willen streng auseinandergehalten werden.

Aus dem Italienischen von Annette Kopetzki

Die Zukunft der Demokratie

1. Ungebetene Vorrede

Da man mich gebeten hat, über die Zukunft der Demokratie zu referieren, also über ein ziemlich heimtückisches Thema, will ich mich zunächst mit Hilfe zweier Zitate verteidigen. Als G. W. F. Hegel in seinen Vorlesungen über die Philosophie der Geschichte an der Berliner Universität von einem Studenten gefragt wurde, ob die Vereinigten Staaten als das Land der Zukunft angesehen werden sollten, antwortete er ihm, sichtlich irritiert: »Amerika ist somit das Land der Zukunft [...] und als ein Land der Zukunft geht es uns überhaupt hier nichts an; denn wir haben es nach der Seite der Geschichte mit dem zu tun, was gewesen ist, und mit dem, was ist – in der Philosophie aber mit dem, was weder nur gewesen ist noch erst nur sein wird, sondern mit dem, was *ist* und ewig ist – mit der Vernunft, und damit haben wir zur Genüge zu tun«.[1] In seiner berühmten Vorlesung, die Max Weber am Ende des Ersten Weltkriegs vor Studenten der Münchener Universität über Wissenschaft als Beruf hielt, antwortete er seinen Zuhörern, die ihn eindringlich nach seiner Meinung über die Zukunft Deutschlands fragten: »Der Prophet und der Demagoge [gehören] nicht auf das Katheder eines Hörsaals«.[2]

Auch derjenige, der die von Hegel und Weber vorgebrachten Gründe nicht anerkennen will und sie für einen Vorwand hält, wird anerkennen müssen, dass der Beruf des Propheten ein gefährlicher Beruf ist. Hängt doch die Schwierigkeit einer Erkenntnis der Zukunft auch vom Umstand ab, dass ein jeder von uns seine eigenen Hoffnungen und Ängste in die Zukunft projiziert, während die Geschichte in ihrem Lauf fortfährt, ohne sich um unsere Sorgen zu kümmern. Der Lauf der Geschichte bildet sich ja aus Millionen und Abermillionen kleiner, winziger menschlicher Handlungen; und all diese in einer Gesamtsicht zu erfassen, die nicht gleichzeitig vor lauter Schematismus unglaubwürdig wäre, dazu war noch niemand in der Lage, und wäre er auch der fähigste Geist. Darum erwiesen sich die von den großen Herren des Denkens gemachten Voraussagen über den Lauf der Welt fast immer im Nachhinein als falsch – und zuallererst die Prognosen dessen, den ein Teil der Menschheit für den Begründer einer neuen und unfehlbaren Wissenschaft von der Gesellschaft hielt und noch hält: Karl Marx.

Kurz gesagt: Wenn Sie mich also fragen, ob die Demokratie eine Zukunft hat, und gesetzt, sie habe eine, welcher Art diese Zukunft ist, so kann ich nur in aller Ruhe antworten: *Ich weiß es nicht.* Ich will daher in meinem Referat ganz einfach einige Beobachtungen zur aktuellen Situation demokratischer Regimes anstellen; und damit haben wir – um das Motto Hegels aufzunehmen –, glaube ich, zur Genüge zu tun. Wenn man dann aus diesen Beobachtungen eine bestimmte Tendenz in der Entwicklung (oder der Involution) dieser Regimes extrapolieren und also einige vorsichtige Prognosen über ihre Zukunft wagen kann, umso besser.

2. Eine minimale Definition von Demokratie

Ich schicke voraus: Wenn man von Demokratie im Gegensatz zu allen Formen autokratischer Regierung spricht, so besteht die einzige Art und Weise der Verständigung darin, sie als ein Ensemble von (primären oder Grund-) Regeln zu begreifen, die festlegen, *wer* zur Teilnahme an den kollektiven Entscheidungen berechtigt ist und mit welchen *Verfahren* diese Entscheidungen getroffen werden. Jede soziale Gruppe muss zum Zwecke ihres eigenen Überlebens (nach innen wie nach außen) Entscheidungen treffen, die für alle Gruppenmitglieder bindend sind.[3] Aber auch die Gruppenentscheidungen werden immer nur von Individuen getroffen (die Gruppe als solche entscheidet nicht). Damit also eine von Individuen (einem, wenigen, vielen, allen) gefällte Entscheidung als kollektive Entscheidung akzeptiert werden kann, muss diese Entscheidung auf der Grundlage von Regeln getroffen werden (und es spielt keine Rolle, ob es sich dabei um schriftlich fixierte oder um Gewohnheitsregeln handelt), die festlegen, welche Individuen dazu berechtigt sind, für alle Gruppenmitglieder verbindlich zu entscheiden, und auf Basis welcher Verfahren dies geschieht. Was nun die Subjekte betrifft, die dazu berufen sind, kollektive Entscheidungen zu treffen (oder an ihnen mitzuwirken), so ist ein demokratisches Regime dadurch gekennzeichnet, dass diese Entscheidungsmacht (die, wenn sie durch ein Grundgesetz oder eine Verfassung autorisiert ist, zu einem Recht wird) einer sehr hohen Anzahl der Gruppenmitglieder zukommt. Ich bin mir darüber im Klaren, dass »eine sehr hohe Anzahl« ein vager Ausdruck ist. Aber einmal abgesehen davon, dass die politischen Diskurse ins Universum des »Ungefähr« und »Meistens« eingeschrieben sind, so kann man nicht sagen »alle«. Auch im vollkommensten demokratischen Regime nämlich haben nur jene Individuen Stimmrecht, die ein bestimmtes Alter erreicht haben. Die *Omnikratie* als Regierung aller ist ein idealer Grenzbegriff. Wie hoch nun die Anzahl der Stimmberechtigten ist, ab der man von einem demokratischen Regime sprechen kann, dies lässt sich nicht prinzipiell ein für allemal festlegen, das heißt unabhängig von den historischen Umständen und von einem vergleichenden Urteil: Man kann nur sagen, dass eine Gesellschaft, in der alle männlichen Erwachsenen stimmberechtigt sind, demokratischer ist als eine Gesellschaft, in der nur die Eigentümer das Stimmrecht besitzen, und weniger demokratisch als eine Gesellschaft, in der auch die Frauen stimmberechtigt sind. Wenn man für einige Länder von einem kontinuierlichen Prozess der Demokratisierung spricht, der im vergangenen Jahrhundert stattfand, so will man damit sagen, dass sich die Anzahl der Stimmberechtigten fortschreitend vermehrt hat.

Was nun die Modalitäten der Entscheidungsverfahren angeht, so ist die Grundregel der Demokratie die *Mehrheitsregel*. Nach dieser Regel gelten die Entscheidungen als kollektive, das heißt für die gesamte Gruppe bindende Entscheidungen, die die Zustimmung mindestens der Mehrheit der Entscheidungsbefugten finden. Wenn eine mit Mehrheit getroffene Entscheidung gültig ist, so gilt dies noch mehr für eine einstimmig getroffene Entscheidung.[4] Einstimmigkeit ist jedoch nur in einer kleinen oder homogenen Gruppe möglich. Sie kann in den beiden extremen und einander entgegengesetzten Fällen gefordert werden, dass entweder die Entscheidung so schwerwiegend ist, dass jeder Teilnehmer ein Vetorecht hat – oder dass sie so unbedeutend ist, dass sich jeder, der nicht ausdrücklich opponiert, damit einverstanden erklärt (das ist der Fall eines Konsenses durch stillschweigende Hinnahme). Natürlich ist Einstimmigkeit dann erforderlich, wenn es nur zwei Subjekte der Entscheidung gibt. Dies unterscheidet deutlich eine Entscheidung im wechselseitigen Einvernehmen von einer Gesetzesentscheidung (die üblicherweise mit Mehrheit getroffen wird).

Auch für eine minimale Definition von Demokratie, wie die hier von mir aufgegriffene, reicht jedoch weder das einer sehr hohen Anzahl von Bürgern verliehene Recht auf direkte oder indirekte Teilnahme an kollektiven Entscheidungen aus noch die Existenz von Verfahrensregeln wie der Mehrheitsregel (oder im Grenzfall der Einstimmigkeitsregel). Eine dritte Bedingung muss hinzutreten: Die zur Entscheidung (oder zur Wahl derjenigen, die dann entscheiden sollen) Aufgerufenen müssen vor reale Alternativen gestellt sein und in die Lage versetzt werden, sich für eine von ihnen zu entscheiden. Damit nun diese Bedingung verwirklicht werden kann, müssen den zur Entscheidung Berufenen die sogenannten Freiheitsrechte garantiert sein: Meinungs- und Ausdrucksfreiheit, Versammlungs- und Vereinigungsfreiheit. Auf der Grundlage dieser Rechte ist der sogenannte liberale Staat entstanden, auf ihr baut die Lehre vom Rechtsstaat im starken Sinne dieses Wortes auf: das heißt eines Staates, der seine Gewalt nicht nur *sub lege* ausübt, sondern innerhalb von Grenzen, die durch die verfassungsmäßige Anerkennung der sogenannten »unverletzlichen« Rechte des Individuums gezogen sind. Welches auch immer das philosophische Fundament dieser Rechte sein mag, sie bilden die notwendige Voraussetzung dafür, dass die vorwiegend verfahrensmäßig bestimmten Mechanismen, die ein demokratisches Regime charakterisieren, überhaupt funktionieren können. Die Verfassungsnormen, die diese Rechte verleihen, sind also keine Spielregeln im eigentlichen Sinne, sondern Vorab-Regeln *(regole preliminari)*, die das Abwickeln des Spiels ermöglichen.

Daraus folgt, dass der liberale Rechtsstaat nicht nur die historische, sondern auch die juristische Voraussetzung des demokratischen Staats darstellt. Liberaler Staat und demokratischer Staat stehen in einer doppelten Wechselbeziehung zueinander: in einer Richtung, die vom Liberalismus zur Demokratie führt, in dem Sinne, dass bestimmte Freiheitsrechte notwendig sind, um die korrekte Ausübung der demokratischen Staatsmacht zu gewährleisten, und in der entgegengesetzten Richtung, dass es einer demokratischen Macht bedarf, um die Existenz und das Fortbestehen der

Grundfreiheiten zu garantieren. Mit anderen Worten: Es ist wenig wahrscheinlich, dass ein nicht-liberaler Staat ein korrektes Funktionieren der Demokratie gewährleisten kann, und es ist andererseits genauso wenig wahrscheinlich, dass ein nicht-demokratischer Staat in der Lage ist, die Grundfreiheiten zu garantieren. Der historische Beweis für diese Wechselbeziehung liegt in der Tatsache, dass demokratischer Staat und liberaler Staat, wenn sie fallen, miteinander fallen.

3. Die nicht eingehaltenen Versprechen der Demokratie

Dieser Verweis auf die Prinzipien gestattet es mir, zur Sache zu kommen, also wie angekündigt einige Beobachtungen zur aktuellen Situation zu machen. Es geht um ein Thema, das üblicherweise unter dem Namen der »Transformation der Demokratie« verhandelt wird. Wenn man all das sammeln wollte, was über die Transformation der Demokratie oder zur Demokratie in Transformation geschrieben wurde, müsste man wohl eine ganze Bibliothek füllen. Aber das Wort »Transformation« ist derart vage, dass es die unterschiedlichsten Bewertungen erlaubt: Aus einem rechten Blickwinkel (ich denke beispielsweise an das Buch *Trasformazione della democrazia* von Pareto, dem Stammvater einer langen und ununterbrochenen Reihe von Klagen über die Krise der Zivilisation[5]) hat sich die Demokratie in ein halb-anarchisches Regime verwandelt, das die »Zerbröcklung« des Staates zur Folge haben wird; aus linker Sicht (ich denke etwa an ein Buch wie Johannes Agnolis und Peter Brückners *Die Transformation der Demokratie*, ein typisches Beispiel der außerparlamentarischen Kritik[6]) ist die parlamentarische Demokratie im Begriff, sich in ein autokratisches Regime zu verwandeln. Eher als auf die Transformation scheint es mir für unsere

Zwecke daher sinnvoll, die Überlegung auf den Unterschied zwischen den demokratischen Idealen und der »realen Demokratie« zu konzentrieren (einen Ausdruck, den ich im selben Sinne verwende, in dem man vom »realen Sozialismus« redet). Vor kurzem hat mich ein Hörer auf die Schlussworte aufmerksam gemacht, die Boris Pasternak Gordon, den Freund des Doktor Schiwago, sagen lässt: »Es geschieht immer wieder das Gleiche in der Geschichte: ein Ideal, eine erhabene Idee, vergröbert sich, wird materialisiert. So wurde Griechenland zu Rom, so wurde das Russland der Aufklärung zur Revolution.«[7] Ebenso, füge ich hinzu, wurde das liberale und demokratische Denken eines Locke, eines Rousseau, eines Tocqueville, eines Bentham und eines John Stuart Mill zum Handeln von ... (hier können Sie den Namen des Politikers einsetzen, an den Sie denken; Sie werden keine Schwierigkeiten haben, mehr als einen zu finden). Und es ist eben diese »grobe Materie« und nicht die »erhabene« Konzeption, von der wir reden müssen, oder, wenn Sie so wollen, vom Kontrast zwischen dem, was versprochen, und dem, was tatsächlich durchgeführt wurde. Von diesen nicht eingehaltenen Versprechen der Demokratie nenne ich sechs (siehe im Folgenden die Abschnitte 4 bis 9).

4. Die Geburt der pluralistischen Gesellschaft

Die Demokratie ist hervorgegangen aus der individualistischen Gesellschaftsauffassung, das heißt jener Konzeption, für die – im Gegensatz zu der in der Antike und im Mittelalter vorherrschenden organischen Gesellschaftsauffassung, für die das Ganze vor den Teilen da ist – die Gesellschaft, jede Gesellschaftsform und vor allem die politische Gesellschaft ein künstliches Produkt des Willens der Individuen darstellt. Zur Herausbildung der indvidualistischen Auffassung von Gesellschaft und Staat und zur Auflösung der organischen Auffassung trugen drei Entwicklungen bei, die die Sozialphilosophie der Moderne charakterisieren:

(a) Die Vertragstheorien des 17. und 18. Jahrhunderts. Die Theorien des Gesellschaftsvertrages gehen von der Hypothese aus, dass vor der Entstehung der *civil society*[8] der Naturzustand existiert, in dem die freien und gleichen Individuen die Souveräne sind, die dann untereinander darin übereinkommen, eine gemeinsame Gewalt ins Leben zu rufen, der die Funktion zukommt, ihr Leben und ihre Freiheit (ebenso wie ihr Eigentum) zu garantieren.

(b) Die Geburt der politischen Ökonomie, das heißt einer Analyse der Gesellschaft und der sozialen Beziehungen, deren Subjekt wiederum das einzelne Individuum ist, nämlich der *homo oeconomicus* und nicht mehr das *zoon politikon* der Tradition, das nicht für sich selbst, sondern nur als Mitglied einer Gemeinschaft betrachtet wird. Subjekt der politischen Ökonomie ist also der Einzelne, der nach Adam Smith »gerade dadurch, dass er das eigene Interesse verfolgt, […] häufig das der Gesellschaft nachhaltiger [fördert], als wenn er wirklich beabsichtigt, es zu tun«[9]. (Außerdem ist ja die neuere Interpretation von Macpherson bekannt, für den der Naturzustand von Hobbes und Locke eine Präfiguration der Marktgesellschaft darstellt).[10]

(c) Die utilitaristische Philosophie von Bentham bis Mill, für die das einzige Kriterium zur Begründung einer objektivistischen Ethik, das heißt für eine Unterscheidung von Gut und Böse, ohne dabei auf vage Begriffe wie »die Natur« zurückzugreifen, darin besteht, dass man ausgeht von der Betrachtung wesentlich individueller Zustände wie Lust und Schmerz und das traditionelle Problem des Allgemeinwohls auflöst in der Summe der individuellen Güter beziehungsweise nach der Formulierung Benthams im Glück der größten Anzahl.

Von der Hypothese des souveränen Individuums ausgehend, das mit den anderen gleichermaßen souveränen Individuen eine vertragliche Übereinkunft trifft und damit die politische Gesellschaft hervorbringt, hatte sich die demokratische Doktrin einen Staat ohne intermediäre Körper[11] vorgestellt, wie sie für die Zunftgesellschaft mittelalterlicher Städte und den Ständestaat vor der Durchsetzung der absoluten Monarchie charakteristisch waren. Der demokratischen Lehre zufolge sollte es in der politischen Gesellschaft also zwischen dem souveränen Volk, das sich aus vielen Individuen (ein Kopf, eine Stimme) zusammensetzt, und seinen Repräsentanten keinerlei Sondergesellschaften mehr geben, wie sie Rousseau beklagte und wie sie dann mit dem Gesetz Le Chapelier auch von Staats wegen *(d'autorità)* beseitigt wurden (ein Gesetz, das erst 1887 in Frankreich aufgehoben wurde). Was aber mit der Entwicklung der demokratischen Staaten eintrat, war das genaue Gegenteil: Zu den politisch relevanten Subjekten wurden immer mehr die Gruppen, die Großorganisationen, Verbände unterschiedlichster Natur, Gewerkschaften der verschiedensten Berufsgruppen, Parteien mit den diversesten Ideologien, und immer weniger die Individuen. Die Gruppen und nicht die Individuen sind die Protagonisten des politischen Lebens in einer demokratischen Gesellschaft von heute. Es gibt in ihr nicht mehr einen Souverän, das Volk oder die Nation, gebildet aus den Individuen, die das Recht errungen haben, direkt oder indirekt an der Regierung teilzunehmen. Das Volk als ideale (oder mystische) Einheit gibt es nicht mehr, sondern das Volk ist gespalten in entgegengesetzte und miteinander konkurrierende Gruppen, die ihre relative Autonomie gegenüber der Zentralregierung haben (eine Autonomie, die die einzelnen Individuen längst verloren oder nie besessen haben, wenn nicht in einem Idealmodell der demokratischen Regierung, das beständig durch die Tatsachen Lügen gestraft wurde).

Das ideale Modell der demokratischen Gesellschaft war das einer zentripetalen Gesellschaft. Die Wirklichkeit, die wir vor Augen haben, ist die einer zentrifugalen Gesellschaft, in der es nicht mehr ein einziges Machtzentrum gibt (die *volonté générale* Rousseaus), sondern viele Zentren. Daher verdient sie auch den Namen der *polyzentrischen* oder *polyarchischen* Gesellschaft, über dessen Verwendung sich heute die Politikwissenschaftler weitgehend einig sind (in einer noch stärkeren, aber nicht völlig falschen Redeweise spricht man auch von der *polykratischen* Gesellschaft). Das auf die Volkssouveränität gegründete Modell des demokratischen Staates, das man sich in Analogie zur Souveränität des Fürsten vorstellte, war das Modell einer monistischen Gesellschaft. Die reale Gesellschaft, die den demokratischen Regierungen zugrunde liegt, ist pluralistisch.

5. Revanche der Interessen

Aus dieser ersten Transformation (die erste in dem Sinne, dass sie die Verteilung der Macht betrifft) leitet sich die zweite ab, die Veränderung der Repräsentation. Die moderne Demokratie entstand im Gegensatz zur antiken Demokratie als repräsentative Demokratie und sollte durch die politische Repräsentation charakterisiert sein: also eine Form der Repräsentation, in der der Repräsentant, da er dazu berufen ist, die Interessen der Nation zu verfolgen, keinem gebundenen Mandat mehr unterworfen sein kann. Das Prinzip, auf das sich die politische Repräsentation gründet, ist also das Gegenteil des die Repräsentation von Interessen begründenden Prinzips. Hier nämlich ist der Repräsentant, der die besonderen Interessen des Repräsentierten verfolgen soll, einem gebundenen Mandat unterworfen (und zwar einem privatrechtlichen Vertrag, der seine Abberufung vorsieht, wenn er sein Mandat missbraucht). Eine der berühmtesten und historisch bedeutsamsten Debatten in der französischen verfassunggebenden Versammlung, aus der die Verfassung von 1791 hervorging, sah als Sieger diejenigen, die der Auffassung waren, dass der Deputierte, sobald er einmal gewählt war, zum Vertreter der Nation werde und nicht mehr Vertreter seiner Wähler sei: und als solcher sei er durch kein Mandat mehr gebunden. Das freie Mandat war ein Vorrecht des Königs gewesen, der bei der Einberufung der Generalstände verlangte, dass die Delegierten der Stände ohne jegliche *pouvoirs restrictifs* zur Versammlung gesandt würden.[12] Als offensichtlicher Ausdruck der Souveränität wurde dann das freie Mandat von der Souveränität des Königs auf die Souveränität der vom Volke gewählten Versammlung übertragen. Seither ist das Verbot des imperativen Mandats zu einer festen Regel aller repräsentativ-demokratischen Verfassungen geworden. Die unbedingte Verteidigung der politischen Repräsentation fand ihre überzeugten Befürworter immer bei denjenigen, die die repräsentative Demokratie gegen alle Versuche unterstützten, sie durch die Vertretung der Interessengruppen zu ersetzen oder zu ergänzen.

Doch keine Verfassungsnorm wurde häufiger verletzt als das Verbot des imperativen Mandats, und keinem Prinzip wurde je weniger Aufmerksamkeit geschenkt als dem der politischen Repräsentation. Aber wie könnten eine derartige Norm und ein derartiges Prinzip auch Anwendung finden in einer Gesellschaft, die sich aus relativ autonomen und miteinander um die Vorherrschaft, um den Vorrang ihrer Interessen kämpfenden Gruppen zusammensetzt? Abgesehen davon, dass jede Gruppe dazu neigt, das nationale Interesse mit ihrem Eigeninteresse zu identifizieren – gibt es denn irgendein allgemeines Kriterium für die Unterscheidung des Allgemeininteresses vom Sonderinteresse dieser oder jener Gruppe oder von der Kombination der Sonderinteressen von

Gruppen, die sich auf Kosten anderer einigen? Wer besondere Interessen vertritt, hat immer ein imperatives Mandat. Wo ließe sich aber ein Volksvertreter finden, der nicht besondere Interessen repräsentierte? Sicherlich nicht in den Gewerkschaften, von denen außerdem das Zustandekommen von Vereinbarungen mit gewaltiger politischer Relevanz etwa zur Arbeitsorganisation oder zu den Arbeitskosten abhängt. Vielleicht im Parlament? Aber was ist denn die Fraktionsdisziplin der Parteien anderes als eine offene Verletzung des Verbots imperativer Mandate? Werden nicht diejenigen, die manchmal im Schutz geheimer Abstimmungen aus der Parteidisziplin ausscheren, »Heckenschützen«[13] genannt, also als Missetäter der öffentlichen Verdammung preisgegeben? Vor allem aber ist das Verbot des imperativen Mandats ein Verbot ohne jegliche Sanktion. Die einzige Sanktion, die der Abgeordnete fürchten muss, dessen Wiederwahl ja von der Unterstützung seiner Partei abhängt, tritt ein, wenn er die genau entgegengesetzte Regel übertritt, sich an das von seiner Partei verliehene Mandat gebunden zu fühlen.

Ein weiterer Beweis für den, wie ich sagen würde, endgültigen Sieg der Repräsentation von Sonderinteressen über die politische Repräsentation ist jener Typus von Verhältnis, der sich in der Mehrheit der europäischen Staaten zwischen den großen entgegengesetzten Interessengruppen (den Repräsentanten der Unternehmer beziehungsweise der Arbeiter) und dem Parlament herausgebildet hat: ein Verhältnis, das zu jenem neuen System gesellschaftlicher Regulierung führte, das man zu Recht oder zu Unrecht das neokorporatistische genannt hat.[14] Für dieses System charakteristisch ist ein Dreiecksverhältnis, in dem die Regierung – im Idealfall Repräsentant der nationalen Interessen – nur noch als Vermittler zwischen den gesellschaftlichen Gruppen interveniert sowie allerhöchstens noch als (in der Regel ohnmächtiger) Garant für die Einhaltung der geschlossenen Abkommen auftritt. Diejenigen, die vor etwa zehn Jahren dieses theoretische Modell ausgearbeitet haben, das heute im Mittelpunkt der Diskussion über die »Transformation« der Demokratie steht, definierten die neokorporatistischen Gesellschaften als eine Form zur Lösung der sozialen Konflikte, die sich eines Verfahrens bedient – nämlich des Abkommens zwischen Großorganisationen –, das mit der politischen Repräsentation nicht das Geringste gemein hat, sondern vielmehr einen typischen Ausdruck der Repräsentation von Interessengruppen darstellt.

6. Fortbestand der Oligarchien

Als das dritte nicht eingehaltene Versprechen der Demokratie sehe ich das Versprechen an, der oligarchischen Macht ein Ende zu bereiten. Ich brauche auf diesen Punkt nicht weiter einzugehen, da es ein häufig behandeltes und wenig umstrittenes Thema ist, jedenfalls seit Gaetano Mosca Ende des vorigen Jahrhunderts seine Theorie der »politischen Klasse« entwickelte, die dann unter dem Einfluss Paretos die Elitentheorie genannt wurde.[15] Das Prinzip, aus dem das demokratische Denken seine Inspiration bezog, war immer die Freiheit, verstanden als Autonomie, das heißt als Fähigkeit, sich seine Gesetze selbst zu geben – nach der berühmten Definition Rousseaus. Die Konsequenz dieses Freiheitsbegriffs sollte eine völlige Identität sein zwischen demjenigen, der eine Verhaltensregel aufstellt, und demjenigen, der sie befolgt, also der Wegfall der traditionellen Unterscheidung zwischen Regierenden und Regierten, auf der das gesamte vorherige politische Denken beruhte. Die repräsentative Demokratie, die zudem die einzig existierende und funktionierende Form der Demokratie darstellt, ist nun schon in sich selbst ein Abgehen vom Prinzip der Freiheit als Autonomie. Die Hypothese, die zukünftige »Computer-kratie« – wie man sie genannt hat – werde die Durchführung der direkten Demokratie erlauben, indem sie jedem Bürger die Möglichkeit verleiht, seine Stimme direkt an ein Elektronengehirn zu übermitteln, ist kindisch. Geht man nämlich von der Anzahl der Gesetze aus, die in Italien alljährlich beschlossen werden, so müsste unser braver Bürger mindestens einmal täglich seine Stimme abgeben. Das Übermaß an Partizipation, das zum Phänomen des »totalen Bürgers« führt, wie Dahrendorf es nannte und beklagte[16], kann zum Überdruss an der Politik und zu wachsender Apathie der Wähler führen. Oft ist die Gleichgültigkeit vieler der Preis, den man für das Engagement weniger zahlen muss. Nichts riskiert so sehr, die Demokratie abzutöten, wie das Übermaß an Demokratie selbst.

Natürlich hebt der Fortbestand der Machteliten den Unterschied zwischen den demokratischen und autokratischen Regimes nicht auf. Dies wusste auch Mosca, der doch ein Konservativer war und sich für einen Liberalen, nicht aber für einen Demokraten ausgab. Er entwickelte eine komplexe Typologie von Regierungsformen, um zu zeigen, dass es zwar immer Machtoligarchien gibt, dass sich die verschiedenen Regierungsformen jedoch nach den Differenzen in der Herausbildung und Organisation der politischen Klasse unterscheiden lassen.[17] Da ich oben von einer vornehmlich verfahrensmäßigen Definition der Demokratie ausgegangen bin, soll nicht vergessen werden, dass einer der Vertreter dieser Definition, Joseph Schumpeter, das Problem perfekt mit seiner These auf den Begriff gebracht hat, das Charakteristikum der Demokratie sei nicht die Abwesenheit von Eliten, sondern der Konkurrenzkampf mehrerer Eliten um die Mehrheit der Wählerstimmen. Im neueren Buch von Crawford Brough Macpherson *Demokratietheorie*[18] werden vom letzten

Jahrhundert bis heute vier Phasen in der Entwicklung der Demokratie unterschieden; die letzte Phase, die er als »Gleichgewichtsdemokratie« definiert, entspricht der Schumpeter'schen Definition. Ein italienischer Elitentheoretiker und Interpret von Mosca und Pareto unterschied in zusammenfassender und, wie ich meine, treffender Weise zwischen Eliten, die sich (nämlich mit Gewalt) aufdrängen, und Eliten, die sich (nämlich zur Wahl) vorschlagen.[19]

7. Der begrenzte demokratische Raum

Wenn es der Demokratie nicht gelungen ist, die Macht der Oligarchen zu besiegen, so war sie ebenso wenig erfolgreich in ihrem Bestreben, alle Räume zu besetzen, in denen die Macht ausgeübt wird, für ganze soziale Gruppen bindende Entscheidungen zu treffen. Die Unterscheidung, die hierbei ins Spiel kommt, ist nicht mehr die zwischen der Macht der wenigen und jener der vielen, sondern die zwischen aufsteigender und absteigender Macht. Übrigens müsste man hier eher von Inkonsequenz der Demokratie sprechen als von der fehlenden Durchführung ihrer Prinzipien. Ist doch die moderne Demokratie entstanden als Methode der Legitimation und Kontrolle politischer Entscheidung im engen Sinne beziehungsweise der »Regierung« im Wortsinne, sei es der nationalen, sei es der lokalen Regierung. Hier kommt der Einzelne in seiner allgemeinen Rolle als Bürger in Betracht, nicht aber in der Vielzahl seiner spezifischen Rollen als Gläubiger einer Kirche, als Arbeiter, als Student, Soldat, Konsument, Kranker usw. Wenn man nach der Erreichung des allgemeinen Wahlrechts noch von einer Ausweitung des Demokratisierungsprozesses sprechen kann, so müsste sich dieser nicht – wie gewöhnlich behauptet – im Übergang von der repräsentativen zur direkten Demokratie erweisen, sondern im Übergang von der politischen zur sozialen Demokratie: also nicht so sehr in der Antwort auf die Frage »Wer wählt?« als vielmehr in der Antwort auf die Frage »Wo wird gewählt?«. Mit anderen Worten: Wenn man wissen will, ob in einem gegebenen Land eine Entwicklung der Demokratie stattgefunden hat, so sollte man nicht danach Ausschau halten, ob die Anzahl derjenigen gestiegen ist, die zur Beteiligung an den sie betreffenden Entscheidungen berechtigt sind, sondern danach, ob die Anzahl der Räume oder Bereiche gewachsen ist, in denen man dieses Recht ausüben kann. Solange in einer fortgeschrittenen Industriegesellschaft die beiden großen Blöcke einer Macht von oben, das Unternehmen und der Verwaltungsapparat, noch nicht vom Prozess der Demokratisierung erfasst wurden – wobei wir hier das Urteil darüber, ob dies nicht nur möglich, sondern auch wünschenswert ist, suspendieren –, kann der Prozess der Demokratisierung noch nicht als abgeschlossen gelten.

Es scheint mir dennoch von Interesse, darauf hinzuweisen, dass es in einigen dieser (im traditionellen Wortsinne) nicht politischen Räume, beispielsweise in der Fabrik, zur Proklamation einiger Freiheitsrechte für den Bereich dieses spezifischen Machtsystems gekommen ist – in Analogie zur Deklaration der Bürgerrechte im Verhältnis zum System der politischen Macht: Ich beziehe mich als Beispiel auf das in Italien 1970 erlassene *statuto dei lavoratori*[20] und auf die derzeit laufenden Initiativen zur Verkündung einer »Charta der Rechte der Kranken«. Auch bei den Vorrechten des Bürgers in seinem Verhältnis zum Staat ging die Gewährung von Freiheitsrechten der Erlangung politischer Rechte voraus.[21] Wie ich oben bereits zum Verhältnis zwischen liberalem und demokratischem Staat bemerkte, war die Gewährung politischer Rechte eine natürliche Konsequenz aus der Gewährung der (persönlichen) Freiheitsrechte; da die einzige

Garantie für die Einhaltung der Freiheitsrechte im Recht auf Kontrolle der Macht besteht, die diese Rechte garantieren soll.

8. Die unsichtbare Macht

Das fünfte nicht eingelöste Versprechen der Demokratie war die Beseitigung der unsichtbaren Macht.[22] Während es aber zum Verhältnis von Demokratie und oligarchischer Macht umfängliche Literatur gibt, ist das Thema der unsichtbaren Macht bis heute zu wenig untersucht worden (auch deshalb, weil es sich den üblicherweise von Soziologen genutzten Untersuchungstechniken entzieht: Interviews, Meinungsumfragen usw.). Es mag sein, dass ich besonders durch die Ereignisse in Italien beeinflusst bin, wo, wenn Sie mir das Wortspiel erlauben, die Existenz der unsichtbaren Macht ja nur allzu sichtbar ist (Mafia, Camorra, irreguläre Freimaurerlogen, unkontrollierte Geheimdienste, die eben die subversiven Elemente schützen, die sie überwachen sollten). Jedenfalls habe ich die bisher ausführlichste Behandlung dieses Themas im Buch des amerikanischen Politologen Alan Wolfe *The Limits of Legitimacy* gefunden.[23] Er widmet ein gut recherchiertes Kapitel dem von ihm so genannten »Doppelstaat«, doppelt in dem Sinne, dass neben dem sichtbaren noch ein unsichtbarer Staat existiert. Es ist wohlbekannt, dass die Demokratie mit der Perspektive entstand, ein für allemal die unsichtbare Macht aus den menschlichen Gesellschaften zu verbannen, um eine Regierung ins Leben zu rufen, deren Handlungen (um die Ausdrucksweise Maurice Jolys zu verwenden) »im hellen Licht der öffentlichen Meinung« stattfinden sollten.[24] Das Idealmodell der modernen Demokratie war die antike Demokratie, insbesondere der kleinen Stadt Athen in jenen glücklichen Momenten, in denen sich das Volk in der Agora versammelte und im Lichte der Sonne seine Entscheidungen traf, nachdem es die Redner, die die verschiedenen Positionen erläuterten, angehört hatte. Platon hatte sie – um sie zu verleumden (aber Platon war ein antidemokratischer Schriftsteller) – *Theatrokratie*, »Zuschauerherrschaft«, genannt (ein Wort, das sich nicht zufälligerweise auch bei Nietzsche findet). Einer der Gründe für die Überlegenheit der Demokratie gegenüber den absolutistischen Staaten – die ja die Geheimnisse der Regierungskunst, die *arcana imperii*, wieder aufgewertet und mit historischen und politischen Argumenten die Notwendigkeit verteidigt hatten, die großen politischen Entscheidungen dem indiskreten Blick der Öffentlichkeit entzogen in Geheimkabinetten zu treffen – lag in der Überzeugung, die demokratische Regierung werde endlich zu einer Transparenz der Macht führen, zur »Macht ohne Maske«.

Im Anhang seiner Schrift *Zum ewigen Frieden* stellte Kant das grundlegende Prinzip auf, dem zufolge »alle auf das Recht anderer Menschen bezogene[n] Handlungen, deren Maxime sich nicht mit der Publicität verträgt, unrecht [sind]«.[25] Was er damit meinte, war nicht nur, dass eine Handlung, die ich geheimhalten muss, mit Sicherheit ungerecht ist, sondern auch, dass sie, einmal öffentlich gemacht, eine derartige Reaktion hervorrufen würde, dass damit ihre Durchführung unmöglich wäre: Welcher Staat etwa – um das von Kant selbst angeführte Beispiel zu verwenden – könnte öffentlich im Augenblick eines internationalen Vertragsschlusses verkünden, er werde diesen Vertrag nicht einhalten? Welcher Beamte des öffentlichen Dienstes kann in der Öffentlichkeit erklären, er werde öffentliche Gelder für seine privaten Interessen verwenden? Daraus folgt, dass die Pflicht zur Öffentlichkeit aller Regierungsakte nicht nur deshalb wichtig ist, um – wie man sagt – dem Bürger die Kenntnis und damit auch die Kontrolle der Handlungen der

Regierenden zu ermöglichen, sondern auch deshalb, weil bereits die Öffentlichkeit an sich eine Form der Kontrolle darstellt: Sie ist ein Hilfsmittel, das es ermöglicht, Erlaubtes von Unerlaubtem zu unterscheiden. Nicht zufälligerweise entwickelte sich ja die Politik der *arcana imperii* parallel zu den Theorien der Staatsräson, denen zufolge sich der Staat Dinge erlauben kann, die den privaten Bürgern nicht gestattet sind. Deshalb sei der Staat – um den Skandal zu vermeiden – dazu gezwungen, im Geheimen zu handeln. (Um eine Vorstellung von der außergewöhnlichen Vollmacht des Tyrannen zu vermitteln, spricht Platon davon, dass es nur dem Tyrannen erlaubt sei, öffentlich skandalöse Handlungen zu vollziehen, die sich gewöhnliche Sterbliche allenfalls im Traum vorstellen können.[26])

Selbstverständlich ist die öffentliche Kontrolle der Macht in einem Zeitalter wie dem unsrigen noch notwendiger, in dem das Arsenal technischer Instrumente, über die die Machthaber verfügen, um bis ins kleinste Detail alles zu wissen, was die Bürger tun, derart gewachsen ist, dass ihre Kapazität nahezu unbegrenzt ist. Wenn ich oben einige Zweifel an der These geäußert habe, die Computer-Herrschaft könne der Demokratie »von unten« (der Demokratie der Regierten) förderlich sein, so habe ich keinerlei Zweifel am Dienst, den sie der Demokratie »von oben« (der der Regierenden) zu leisten vermag. Schon immer war es das Ideal des Herrschers gewesen, jede Geste seiner Untertanen sehen, jedes ihrer Worte hören zu können (und zwar nach Möglichkeit, ohne dabei selbst gesehen oder gehört zu werden): Dieses Ideal ist heute technisch durchführbar geworden. Kein antiker Despot, kein absolutistischer Monarch der frühen Neuzeit, und wenn er sich mit Tausenden von Spionen umgab, war jemals in der Lage, all die Informationen über seine Untergebenen zu besitzen, die heute die demokratischste aller Regierungen aus dem Gebrauch der elektronischen Datenverarbeitung ziehen kann. Die alte Frage, die das gesamte politische Denken durchzieht, »Wer bewacht die Wächter?«, kann heute in abgewandelter Formulierung wiederholt werden: »Wer kontrolliert die Kontrolleure?«. Wenn es nicht gelingen wird, auf diese Frage eine angemessene Antwort zu finden, dann ist die Demokratie – verstanden als sichtbare Regierung – verloren. In diesem Falle handelte es sich weniger um ein nicht eingehaltenes Versprechen als um eine Entwicklungstendenz, die den Prämissen der Demokratie zuwiderlief: um die Tendenz, die nicht zur maximalen Kontrolle der Macht durch die Bürger hinführt, sondern im Gegenteil zur maximalen Kontrolle der Untertanen seitens der Macht.

9. Der ungebildete Bürger

Das sechste nicht gehaltene Versprechen betrifft die Erziehung zur Bürgerschaft. In den Reden zur Verteidigung der Demokratie fehlt seit zweihundert Jahren nie das Argument, die einzige Art und Weise, aus einem Untertanen einen Bürger zu machen, bestehe darin, ihn der Rechte teilhaftig werden zu lassen, die im vorigen Jahrhundert in der Lehre vom öffentlichen Recht, *activae civitatis*, Rechte der Aktivbürgerschaft genannt wurden. Die Erziehung zur Demokratie vollzieht sich in der Ausübung der demokratischen Praxis selbst. Vorher gab es dieses Argument noch nicht. Nach dem jakobinischen Modell sollte zuerst die revolutionäre Diktatur kommen und erst danach das Reich der Tugend. Nunmehr jedoch ist für den guten Demokraten das Reich der Tugend (die für Montesquieu das Prinzip der Demokratie darstellt, im Gegensatz zur Furcht als Prinzip des Despotismus) die Demokratie selbst. Sie kann auf die Tugend, verstanden als Liebe zur öffentlichen Sache, nicht verzichten, gleichzeitig

befördert, stärkt und nährt sie diese auch. Eine der hierfür beispielhaften Textstellen findet sich im Kapitel über die
beste Regierungsform der *Betrachtungen über die repräsentative
Demokratie* von John Stuart Mill, und zwar dort, wo er die
Bürger in aktive und passive unterteilt. Er präzisiert, dass
die Regierenden in der Regel Letztere bevorzugen, da es sehr
viel leichter ist, gefügige oder gleichgültige Untertanen im
Griff zu haben. Die Demokratie aber benötigt die Ersteren.
Überwögen nämlich die passiven Bürger, so schließt er, dann
würden die Herrschenden nur allzu gerne aus ihren Untertanen eine Herde Vieh machen, die sich einzig darum kümmert, eine Weide nach der anderen abzugrasen (und sich –
füge ich hinzu – auch dann nicht beklagt, wenn das Gras
knapp ist).[27] Dies führt Mill dann zu seinem Vorschlag, das
Wahlrecht auf die unteren Klassen auszuweiten, und zwar
mit dem Argument, dass eines der Heilmittel gegen die Ty-
rannei der Mehrheit darin besteht, nicht nur die wohlha-
benden Klassen an den Wahlen teilhaben zu lassen, die immer nur eine Minderheit der Bevölkerung darstellen und
daher natürlicherweise dahin tendieren, einzig für ihre ex-
klusiven Interessen zu sorgen, sondern auch die Volksklas-
sen. Mill führt dazu aus: Die Wahlbeteiligung hat einen
großen erzieherischen Wert; denn über die politische Diskussion gelingt es dem Arbeiter, dessen Arbeit sich beständig
im engen Horizont seiner Fabrik wiederholt, das Verhältnis
von weit entfernten Ereignissen zu seinem persönlichen
Interesse herzustellen. Er vermag dann auch Beziehungen
zu Bürgern herzustellen, die von denen, mit denen er Tag
für Tag verkehrt, verschieden sind, und so über die politische
Beteiligung zum bewussten Mitglied eines Gemeinwesens
zu werden.[28] Die Erziehung zur Bürgerschaft war auch eines
der bevorzugten Themen der amerikanischen politischen
Wissenschaft der fünfziger Jahre, das unter dem Etikett der
»politischen Kultur« verhandelt und über das Unmengen

von schnell verbleichender Tinte vergossen wurden. Von den zahlreichen Unterscheidungen erinnere ich an diejenige zwischen einer Untertanenkultur, die an den *outputs* des Systems, das heißt den Vorteilen, die der Wähler vom politischen System erwartet, orientiert ist, und einer teilnehmenden, an den *inputs* orientierten Kultur, die für Wähler eigentümlich ist, die sich als potentielle Beteiligte bei der Formulierung der politischen (Nach-)Frage[29] und der Entscheidungsfindung betrachten.

Wenn wir heute um uns blicken, nehmen wir in den am meisten gefestigten Demokratien das Phänomen der politischen Apathie wahr, die oft bis zur Hälfte der Wahlberechtigten erfasst. Unter dem Gesichtspunkt der politischen Kultur handelt es sich dabei um Personen, die sich weder an den *outputs* noch an den *inputs* des politischen Systems orientieren. Sie sind schlicht und einfach desinteressiert an dem, was im »palazzo« geschieht (wie man in Italien mit einem treffenden Ausdruck sagt). Ich weiß, dass man die politische Apathie auch wohlwollend interpretieren kann. Aber auch die wohlwollendsten Interpretationen können mir nicht den Gedanken daran rauben, dass sich die großen demokratischen Schriftsteller schwer damit täten, in der Weigerung vieler Bürger, ihr Recht auf politische Beteiligung zu gebrauchen, eine Frucht der Erziehung zur Bürgerschaft zu erblicken. In demokratischen Regimes wie Italien, in denen der Prozentsatz der Wähler noch immer sehr hoch ist (aber mit jeder Wahl sinkt), gibt es gute Gründe für die Annahme, dass in der Wählerschaft die politischen Meinungswähler (*voto di opinione*) abnehmen, die »Tauschstimmen« (*voto di scambio*) aber zunehmen: das heißt, um die aseptische Sprache der *political scientists* zu verwenden, die am *output* orientierte Stimmabgabe oder – in kruderer, aber vielleicht weniger mystifizierender Terminologie – das klientelistische Wahlverhalten, das sich auf ein, wenngleich oftmals illusorisches, *do ut des* gründet (politische Unterstützung im Austausch gegen persönliche Vorteile). Auch für diese »Tauschstimmen« gibt es wohlwollende Interpretationen. Dennoch kann ich nicht umhin, dabei an Tocqueville zu denken, der es in einer Rede vor der Abgeordnetenkammer (am 27. Januar 1848) als Verfall der öffentlichen Sitten beklagte, dass »an die Stelle der Meinungen, Gefühle und gemeinsamen Ideen immer mehr die partikularen Interessen treten«, und der sich fragte – an seine Mitabgeordneten gewandt –, »ob nicht die Zahl derjenigen zugenommen habe, die nach persönlichen Interessen abstimmen, und die Zahl derjenigen, die auf Basis einer politischen Meinung abstimmen, abgenommen habe«. Diese Entwicklung schalt er als Ausdruck »niederer und vulgärer Moral«, wenn derjenige, »der politische Rechte genießt, meint, einen persönlichen Gebrauch im eigenen Interesse von ihnen machen zu können«.[30]

10. Die Technokratie

Von nicht gehaltenen Versprechen der Demokratie sprach ich. Aber waren es denn Versprechen, die eingehalten werden konnten? Ich würde sagen, nein. Wenn wir hier auch absehen vom natürlichen Abstand zwischen »erhabenen« Konzeptionen und der »groben Materie«, auf den ich eingangs anspielte, so wurde das politische Projekt der Demokratie doch für eine Gesellschaft von sehr viel geringerer Komplexität entworfen, als es die heutigen Gesellschaften sind. Die Versprechen wurden nicht eingehalten aufgrund von Hindernissen, die man entweder nicht vorhergesehen hatte oder die im Gefolge der »Transformationen« der (bürgerlich-zivilen) Gesellschaften hinzukamen. (Hier halte ich den Ausdruck »Transformation« für angemessen.) Ich nenne drei solcher Hindernisse.

Erstens: In dem Maße, wie die Gesellschaften übergingen von einer hausgemeinschaftlichen Wirtschaftsform (*economia familiare*) zu einer Marktwirtschaft und dann von einer Marktökonomie zu einer immer mehr staatlich geschützten, regulierten und geplanten Wirtschaft, wuchs auch die Zahl politischer Probleme, deren Lösung technische Kompetenzen erfordert. Für die Regelung technischer Probleme sind Experten nötig, eine immer größere Schar spezialisierten Personals. Dies hatte vor einem Jahrhundert bereits Saint-Simon bemerkt, als er die Ersetzung der Regierung der Gesetzeslehrer durch eine Regierung der Wissenschaftler forderte. Mit dem Fortschritt der elektronischen Rechensysteme, den Saint-Simon nicht einmal entfernt ahnen konnte und die nur von Experten bedient werden können, wuchs auf maßlose Weise das Bedürfnis nach einer sogenannten Regierung der Techniker.

Technokratie und Demokratie stehen im Gegensatz zueinander: Wenn der Experte zum Protagonisten der Industriegesellschaft geworden ist, dann kann es nicht mehr jeder x-beliebige Bürger sein. Die Demokratie beruht auf der Hypothese, dass alle über alles entscheiden können. Die Technokratie geht im Gegensatz dazu davon aus, dass nur die wenigen zur Entscheidung berufen sind, die von der Materie etwas verstehen. Im Zeitalter der absolutistischen Staaten sollte das gemeine Volk von den *arcana imperii* ferngehalten werden, weil man es für ignorant hielt. Heute ist das gemeine Volk sicher weniger unwissend als damals. Aber sind nicht die zu lösenden Probleme wie die Inflationsbekämpfung, die Vollbeschäftigung oder eine gerechtere Einkommensverteilung immer komplizierter geworden? Sind dies nicht Probleme, die eine derartige wissenschaftliche und technische Kenntnis erfordern, dass sie für den Durchschnittsbürger von heute (auch wenn er gebildeter ist als der Zeitgenosse des Absolutismus) in nicht geringerem Maße Geheimnisse darstellen?

11. Das Wachstum des Apparats

Das zweite unvorhergesehene Hindernis bestand im kontinuierlichen Anwachsen des bürokratischen Apparats, eines hierarchisch von oben nach unten gegliederten Machtapparats, der somit das Gegenteil eines demokratischen Machtsystems widergibt. Stellt man sich unter der Voraussetzung, dass es verschiedene Stufen von Macht gibt, das politische System als eine Pyramide vor, so geht in der demokratischen Gesellschaft die Macht von der Basis aus bis zur Spitze, in der bürokratischen Gesellschaft hingegen von der Spitze aus nach unten.

Demokratischer Staat und bürokratischer Staat sind historisch sehr viel enger miteinander verbunden, als es ihre Entgegensetzung vermuten lässt. Alle Staaten, die demokratischer wurden, sind zur selben Zeit auch bürokratischer geworden; denn der Bürokratisierungsprozess war in hohem Maße ein Ergebnis des Demokratisierungsprozesses. Ein Beleg dafür ist die Tatsache, dass sich heute hinter der Forderung nach dem Abbau des Dienstleistungsstaates, der einen bürokratischen Apparat von zuvor ungekannten Ausmaßen erforderte, oft genug das Anliegen verbirgt, die demokratische Macht, ich will nicht sagen völlig zu beseitigen, aber ihr doch enge Grenzen zu setzen. Warum nun, wie dies ja bereits Max Weber gesehen hat, Demokratie und Bürokratie parallel zueinander fortgeschritten sind, ist bekannt. Als nur die Eigentümer das Wahlrecht hatten, war es natürlich, dass sie von der öffentlichen Gewalt lediglich die Ausübung einer Grundfunktion verlangten, den Schutz ihres Eigentums. Daraus entstand dann die Theorie vom begrenzten Staat, vom Nachtwächterstaat oder, wie man heute sagt, vom minimalen Staat – und die Vorstellung des Staates als Schutzbündnis der Privateigentümer zur Verteidigung jenes höchsten Naturrechts, das für Locke das Eigentumsrecht war. Von dem Moment an, als das Stimmrecht auf die Analphabeten ausgedehnt wurde, war es unumgänglich, dass diese vom Staate forderten, die kostenlose Schulbildung einzuführen, sich also eine Aufgabe aufzubürden, die für den Staat der traditionellen Oligarchien, aber auch für den Staat der ersten bürgerlichen Oligarchien noch unbekannt war. Als dann das Wahlrecht zusätzlich ausgeweitet wurde auf die Besitzlosen, die Habenichtse, auf diejenigen, die über kein anderes Eigentum verfügen als ihre Arbeitskraft, hatte das zur Folge, dass sie vom Staat den Schutz vor Arbeitslosigkeit, Sozialversicherungen gegen Krankheit und Alter, Mutterschaftshilfe, preiswerte Wohnungen usw. verlangten. So war also der Dienstleistungsstaat, der Sozialstaat, ob er uns nun gefällt oder nicht, die Antwort auf eine von unten kommende Nachfrage, auf eine im vollen Wortsinne demokratische Nachfrage.

12. Die geringe Leistungsfähigkeit

Das dritte Hindernis hängt eng mit der Frage nach der Leistungsfähigkeit des demokratischen Systems insgesamt zusammen: ein Problem, das in den letzten Jahren zur Debatte über die sogenannte »Unregierbarkeit« der Demokratie führte. Worum handelt es sich? Zusammengefasst geht es um Folgendes: Der liberale Staat und seine Ausweitung zum demokratischen Staat trugen dazu bei, die zivile Gesellschaft[31] vom politischen System zu emanzipieren. Dieser Emanzipationsprozess hatte zur Folge, dass die Zivilgesellschaft immer mehr zur unerschöpflichen Quelle neuer (Nach-)Fragen wurde, die sich an die Regierung richteten, die dann – will sie ihrer Aufgabe gerecht werden – angemessene Antworten geben muss. Wie aber kann die Regierung antworten, wenn die Nachfrage aus einer freien und emanzipierten Gesellschaft immer umfangreicher, drängender und kostspieliger wird? Ich sagte bereits, dass der Schutz der bürgerlichen Freiheiten eine notwendige Voraussetzung jeder demokratischen Regierung darstellt: Pressefreiheit, Vereinigungs- und Versammlungsfreiheit sind nun allesamt Wege, auf denen sich der Bürger an seine Regierung wenden kann, um Vorteile, Unterstützungen, Erleichterung, eine gerechtere Verteilung der Ressourcen zu fordern. Menge und Häufigkeit dieser Forderungen sind nun derart gewachsen, dass kein politisches System – so effizient es auch sein mag – mehr in der Lage ist, ihnen allen gerecht zu werden. Daher rührt seine sogenannte »Überlastung« und der Zwang für das politische System, eine drastische Auswahl zu treffen. Die nicht befriedigten Forderungen geben Anlass zu neuer Unzufriedenheit.

Außerdem steht die Geschwindigkeit, mit der die Forderungen der Bürger an die Regierung gestellt werden, im Kontrast zur Schwerfälligkeit der komplexen Verfahren eines demokratischen Systems, der sich die politische Klasse bedienen muss, um die notwendigen Entscheidungen zu treffen. Es entsteht damit eine regelrechte Phasenverschiebung zwischen dem Mechanismus der Eingabe und dem der Ausgabe – der Immissionsmechanismus wird immer schneller, der Emissionsmechanismus immer langsamer. Im autokratischen System findet das genaue Gegenteil statt, da dieses in der Lage ist, die (Nach-)Frage zu kontrollieren – wenn es die Autonomie der Zivilgesellschaft erstickt hat – und umgekehrt sehr viel schneller Antworten zu geben vermag, da es keine komplexen Entscheidungsverfahren beachten muss, wie sie für parlamentarische Systeme eigentümlich sind. Vereinfacht zusammengefasst, erleichtert die Demokratie die (Nach-)Frage und erschwert die Antwort; die Autokratie hingegen kann die gesellschaftliche (Nach-)Frage erschweren und hat weniger Mühe, Antworten zu geben.

13. Und dennoch

Nach allem, was ich bisher gesagt habe, könnte man vielleicht eine Katastrophenvision über die Zukunft der Demokratie erwarten. Doch nichts davon. Im Vergleich zu den Jahren zwischen dem Ersten und Zweiten Weltkrieg, die im berühmten Werk von Elie Halévy *L'ère des tyrannies*[32] genannt wurden, ist in den letzten vierzig Jahren der Bereich demokratischer Regimes fortwährend gewachsen: Das Buch von Juan Linz *The Breakdown of Democracy*[33] bezieht sein Material vorwiegend aus den Jahren nach dem Ersten Weltkrieg; das entgegengesetzte Werk von Julian Santamaria *Transizione alla democrazia nell'Europa del Sud e nell'America latina*[34] bezieht sich auf die Ereignisse der Jahre nach dem Zweiten Weltkrieg. Nach dem Ersten Weltkrieg reichten in Italien wenige Jahre und in Deutschland wenig mehr als zehn Jahre dazu aus, den demokratischen Staat zu zerschlagen; nach dem Zweiten Weltkrieg wurde die Demokratie in den Staaten, in denen sie wiederhergestellt wurde, nicht erneut zerschlagen, in anderen Ländern kam es vielmehr zur Zerschlagung autoritärer Regimes. Auch in einem Land wie Italien, in dem die Demokratie nicht oder nur schlecht regiert, droht ihr keine ernstliche Gefahr – wenngleich ich diese Worte mit ein wenig ängstlichem Zittern ausspreche.

Wohlgemerkt, ich spreche von inneren Gefahren, also von Gefahren, die vom rechten oder linken Extremismus kommen können. In Osteuropa, wo demokratische Regimes bei der Geburt erstickt wurden oder nicht entstehen können, war und bleibt die Gefahr eine äußere. Ich habe mich in meiner Analyse nur mit den inneren Schwierigkeiten der Demokratie befasst, nicht mit den äußeren, die von der Verortung der verschiedenen Länder im internationalen System abhängen. Nun gut, meine Schlussfolgerung lautet jedenfalls, dass die nicht eingehaltenen Versprechen und die unvorhergesehenen Hindernisse, die mein Thema waren, nicht derart sind, dass sie ein demokratisches Regime in ein autokratisches »transformiert« hätten. Der wesentliche Unterschied zwischen dem einen und dem anderen bleibt bestehen. Der minimale Gehalt des demokratischen Staates hat nichts von seiner Bedeutung eingebüßt: Garantie der grundlegenden Freiheitsrechte, Existenz mehrerer miteinander im Wettbewerb stehender Parteien, periodische Wahlen mit allgemeinem Wahlrecht, kollektive Entscheidungen, die entweder (in konsoziativen Demokratien[35] oder im neokorporatistischen System) im Einvernehmen der Beteiligten oder auf Basis von Mehrheitsentscheidungen getroffen werden – in jedem Fall als Ergebnis einer freien Diskussion zwischen den Beteiligten oder den Parteien einer Regierungskoalition. Es gibt gefestigte und weniger gefestigte Demokratien, verwundbare und weniger verwundbare, es gibt unterschiedliche Grade der Annäherung an das ideale Modell. Aber selbst die von ihrem Ideal am weitesten entfernte Demokratie kann keinesfalls mit einem autokratischen und noch weniger mit einem totalitären Regime verwechselt werden.

Von den äußeren Gefahren habe ich deshalb nicht gesprochen, da das mir übertragene Thema die Zukunft der Demokratie war und nicht die Zukunft der Menschheit. Auf diese nämlich – dies muss ich gestehen – würde ich keine Wette wagen. Um das Thema unseres Kongresses »Die Zukunft hat bereits begonnen« zu parodieren, könnte sich jemand mit ein wenig schwarzem Humor ja vielleicht auch fragen: »Und wenn die Zukunft bereits zu Ende wäre?«

Doch mir scheint, dass ich dazu wenigstens eine Schlussbemerkung machen kann, wenn auch, wie ich gestehe, eine etwas riskante: Bisher ist zwischen demokratisch regierten Staaten noch kein Krieg ausgebrochen. Das bedeutet nicht, dass die demokratischen Staaten noch keine Kriege geführt hätten, sondern dass sie *untereinander* noch keine Kriege geführt haben.[36] Die Behauptung ist kühn, ich sagte es bereits – aber ich warte auf Widerlegung. Könnte es sein, dass Kant recht hatte, wenn er als »Erste[n] Definitivartikel« eines möglichen Vertrags »zum ewigen Frieden« verkündete: »Die bürgerliche Verfassung in jedem Staate soll republikanisch sein«?[37] Sicher, der Begriff der »Republik«, auf den sich Kant bezieht, fällt nicht mit dem heutigen der »Demokratie« zusammen, aber die Idee, dass die innere Verfassung der Staaten ein Hindernis für den zwischenstaatlichen Krieg darstellen könnte, war eine starke und fruchtbare Idee, die seit zweihundert Jahren bis heute viele pazifistische Projekte inspiriert hat, auch wenn diese in der Praxis tote Schriftstücke geblieben sind. Die Einwände gegen das von Kant aufgestellte Prinzip leiteten sich stets aus der Nichtbeachtung des Umstandes ab, dass dieses Prinzip als universelles Prinzip nur dann gilt, wenn *alle* Staaten und nicht nur einige oder wenige die für das Erreichen des ewigen Friedens erforderliche Regierungsform annehmen.

14. Appell an die Werte

Ich schließe mit dem Versuch, die grundlegende Frage zu beantworten, die ich immer wieder vernommen habe, vor allem von jungen Menschen, die so leicht empfänglich sind sowohl für die Illusionen der Demokratie als auch für ihre Enttäuschungen: Wenn die Demokratie vorwiegend ein Ensemble von Regeln ist, wie kann sie dann auf »aktive Bürger« zählen wollen? Bedarf es nicht vielleicht auch der Ideale, wenn man aktive Bürger haben will? Sicher braucht es Ideale. Doch wie kann man vergessen, welche großen Kämpfe um Ideale jene Regeln hervorgebracht haben? Wollen wir versuchen, sie aufzuzählen?

Zuallererst tritt uns aus Jahrhunderten blutiger Religionskriege das Ideal der Toleranz entgegen. Wenn es heute eine Bedrohung des Weltfriedens gibt, so entspringt diese wieder einmal aus dem Fanatismus, also aus dem blinden Glauben an die eigene Wahrheit und an die Gewalt als Mittel, ihr Geltung zu verschaffen. Beispiele kann ich mir ersparen – wir haben sie täglich vor Augen. An zweiter Stelle kommt das Ideal der Gewaltfreiheit. Nie habe ich die Lehre Karl Poppers vergessen, dass der wesentliche Unterschied zwischen einer demokratischen und einer nichtdemokratischen Regierung darin besteht, dass nur in der ersteren die Bürger ihre Regierenden ohne Blutvergießen loswerden können.[38] Die so oft verlachten formalen Rechte der Demokratie haben zum ersten Mal in der Geschichte Techniken zur Lösung sozialer Konflikte ohne den Rekurs auf die Gewalt eingeführt. Nur dort, wo diese Regeln eingehalten werden, ist der politische Gegner kein Feind mehr (der vernichtet werden muss), sondern der Opponent, der morgen schon meinen Platz einnehmen kann. Drittens: das Ideal der schrittweisen Erneuerung der Gesellschaft über den freien Gedankenstreit und den Wandel der Mentalitäten und Lebensformen. Nur die Demokratie lässt lautlose Revolutionen entstehen und sich ausbreiten, wie in den letzten Jahrzehnten die Veränderung des Verhältnisses zwischen den Geschlechtern – die vielleicht größte Revolution unserer Zeit. Schließlich das Ideal der Brüderlichkeit (die *fraternité* der französischen Revolution). Ein großer Teil der Menschheitsgeschichte war eine Geschichte von Bruderkriegen. In seiner *Philosophie der Geschichte* (und so höre ich mit demselben Autor auf, mit dem ich auch begonnen habe) spricht Hegel von der Geschichte als einer gewaltigen »Schlachtbank«[39]. Können wir ihm unrecht geben? Die demokratische Methode wird in keinem Land der Welt überleben können, ohne zur sittlichen Gewohnheit zu werden. Kann sie aber zur Gewohnheit werden

ohne die Anerkennung der Brüderlichkeit, die alle Menschen in einem gemeinsamen Schicksal vereint? Eine Anerkennung, die heute notwendiger ist denn je, da wir uns täglich dieses gemeinsamen Schicksals immer bewusster
werden. Wir sollten mit dem schwachen Licht der Vernunft,
das unseren Weg erleuchten möge, unser Handeln danach
ausrichten.

Aus dem Italienischen von Otto Kallscheuer

Lob der Sanftmut

Vor einigen Jahren bat mich mein Freund Ernesto Treccani, der alljährlich Vortragsreihen der Mailänder Stiftung Corrente organisierte, an einer neuen Reihe teilzunehmen, aus der ein *Kleines Lexikon der Tugenden* hervorgehen sollte. Jeder der geplanten Mitarbeiter an diesem Band war aufgefordert worden, sich für seinen Vortrag jene Tugend auszusuchen, die ihm besonders am Herzen lag. Ohne zu zögern, hatte ich mich für die »Sanftmut« entschieden. Doch das kleine Lexikon ist niemals erschienen, und mein Vortrag, den ich vollständig niedergeschrieben hatte, bevor ich ihn hielt, blieb unveröffentlicht.

Jetzt greife ich ihn wieder auf, weil Goffredo Fofi ihn, in der Form leicht verändert und mit einem ausführlicheren Vorwort, das die notwendigen Aktualisierungen enthält, in seiner Zeitschrift *Linea d'ombra* abdrucken möchte.

In der Antike bestand die Ethik vorwiegend aus einer Behandlung der Tugenden. Man denke an Aristoteles' *Nikomachische Ethik*, die jahrhundertelang Maßstäbe setzte. In unserer Zeit sind Abhandlungen über die Tugenden fast völlig verschwunden. Heute diskutieren Moralphilosophen sowohl auf analytischer als auch auf normativer Ebene über Werte und Entscheidungen und deren größere oder geringere Vernünftigkeit, außerdem über Regeln und Normen und die daraus folgenden Rechte und Pflichten. Eines der letzten großen Werke, das sich dem klassischen Thema der Tugenden widmet, ist der zweite Teil der *Metaphysik der Sitten* von Immanuel Kant, der den Titel *Die Tugendlehre* trägt, während der erste Teil *Die Rechtslehre* behandelt. Kants Ethik ist jedoch überwiegend eine Pflichtethik. Ihr besonderes Interesse gilt der inneren Pflicht, die sie von der in das Gebiet der Rechtslehre fallenden äußeren Pflicht unterscheidet. Tugend wird hier als diejenige Willenskraft bezeichnet, die zur Pflichterfüllung nötig ist, so wie der Mensch zum Beispiel moralische Kraft braucht, um die Laster zu bekämpfen, die sich der Erfüllung seiner Pflichten entgegenstellen, sie behindern. Kants Tugendlehre hat, wie mehrmals ausdrücklich erklärt wird, nichts mit der aristotelischen Ethik zu tun. Sie ist ein wesentlicher Bestandteil der Pflichtethik.

Im Verlauf mehrerer Jahrhunderte verwandelte sich in der großen europäischen Philosophie das traditionelle Thema der Tugenden und, entsprechend, der Laster in Abhandlungen über die Leidenschaften (*de affectibus*). Man denke an *Les passions de l'âme* von René Descartes, an den Teil von Baruch de Spinozas *Ethik*, der mit *De origine et natura affectum* betitelt ist, und an die einleitenden Kapitel der politischen Werke von Thomas Hobbes, *The Elements of Law, Natural and Politic* und den *Leviathan*. Die Ethik dagegen fand mehrere Jahrhunderte lang ihren festen Platz in der Naturrechtslehre, wo bei der Behandlung von Aspekten der Moral der Gesichtspunkt der Gesetze oder der (moralischen, juristischen, sittlichen) Regeln überwog, was dann zur Auflösung der Ethik in der Lehre von den Pflichten beziehungsweise der Rechte führte. In dem klassischen, weit verbreiteten Traktat *De iure naturae et gentium* von Samuel von Pufendorf wird den Tugenden im traditionellen Wortsinn innerhalb eines Kapitels über den menschlichen Willen nur sehr wenig Raum gewährt.

Die analytische Beschäftigung mit den Tugenden fand ihren natürlichen Ausdruck weiterhin nur in den Werken der Moralisten, von denen es heute kaum mehr Spuren gibt. Der Moralist gilt in der Wohlstandsgesellschaft sogar als ein Spielverderber, einer, der nicht mithalten, der das Leben nicht genießen kann. Die Bezeichnung Moralist ist zum Synonym für den Quengler geworden, für den ein wenig lächerlichen Pädagogen, dem keiner zuhört, den Rufer in der Wüste, den scharfen Sittenrichter, der zwar langweilig, aber glücklicherweise harmlos ist. Will man den Bürger zum Schweigen bringen, der sich die Fähigkeit zur Empörung bewahrt hat und protestiert, so nenne man ihn einen Moralisten. Damit ist er erledigt. In den letzten Jahren konnten wir unzählige Male feststellen, dass jeder, der die allgemeine Bestechlichkeit, den Missbrauch wirtschaftlicher wie politischer Macht anprangerte, sich gezwungen sah zu beteuern, er sei jedoch mitnichten ein Moralapostel. Was wohl bedeutet, dass er mit dieser gering geschätzten Spezies nichts zu tun haben will.

Als ich meinen Vortrag über die »Sanftmut« hielt, war das Buch des Philosophen Alasdair MacIntyre, *After Virtue. A Study in Moral Theory*, das eine umfangreiche Debatte auslöste, noch nicht erschienen oder ich hatte noch nicht von ihm gehört.[1] Das Werk ist ein Versuch, dem zu Unrecht und mit nachteiligen Folgen in Vergessenheit geratenen Thema der Tugenden zu neuen Ehren zu verhelfen und dem Leser von heute vorzulegen, also einen unterbrochenen Weg, der bei Aristoteles begann, wieder fortzusetzen. Der Autor entwickelt seinen Gedankengang durchweg anhand polemischer Angriffe, die mir nicht immer ganz echt und nicht einmal besonders originell erscheinen. Seine Kritik gilt der Überbewertung der Gefühle, der Trennung zwischen Tatsachen und Werten, dem Individualismus, den er »bürokratisch« nennt, kurz, allen Übeln der modernen Welt, für die er vor allem die Aufklärung verantwortlich macht, da der Vorrang des ethischen Rationalismus unvermeidlich in den Nihilismus geführt habe. Natürlich ist hier nicht der Ort für eine kritische Untersuchung dieses Buches. Es interessiert mich in unserem Zusammenhang nur als eine Art Gegenbeweis zur Widerlegung der Feststellung, die Tugendlehre sei dem Vergessen anheimgefallen. Tatsächlich präsentiert der Autor sein Buch als ein unorthodoxes Werk, eine Rückkehr zur Tradition, eine Kampfansage an die »Moderne«. Eines seiner bevorzugten Angriffsziele ist die Ethik der Regeln (oder Verfahrensethik).[2] Den Gegensatz zu dieser Regelethik, welche in der modernen und zeitgenössischen Ethik die Oberhand gewonnen hat, bilde die Ethik der Tugenden. Die Ethik der Regeln sei nämlich nur die Ethik der Rechte und Pflichten.

Ich habe immer eine gewisse Abneigung gegen derart drastische Entgegensetzungen gehabt, denn sie fördern einseitige Parteinahmen in Bezug auf so schwer greifbare Themen wie die philosophischen, wo die Wahrheit niemals entschieden, endgültig und unbezweifelbar entweder auf der einen oder der anderen Seite steht. Dasselbe gilt für eine mögliche Interpretation der Geschichte, diesen enormen Behälter, der eine bunte Mischung tausenderlei unterschiedlicher Dinge enthält, weshalb es fast immer gefährlich oder wenig stichhaltig ist, ein einziges Element herauszugreifen und zu isolieren.

Dass die traditionelle Ethik vorwiegend eine Tugendethik war, die im Gegensatz zur Regelethik (besser wäre der Ausdruck Gesetzesethik) stand, ist eine höchst fragwürdige Behauptung. Man müsste zum Beispiel die *Nomoi* (Gesetze) außer Acht lassen, eines der großen Werke Platons. Sogar in der *Nikomachischen Ethik* von Aristoteles besteht die Tugend der Gerechtigkeit zum Teil aus der Gewohnheit, den Gesetzen zu gehorchen. Die Tugenden und die Gesetze sind auch in der antiken Ethik thematisch stets verflochten. Unsere Moraltradition und die Grundlagen unserer bürgerlichen Erziehung wurzeln sowohl im mahnenden Hinweis auf die Tugenden als Muster guter Taten oder Vorbilder als auch in der Predigt der Zehn Gebote, die das gute Tun nicht beschreiben, sondern befehlen. Dass die Zehn Gebote, so wie sie formuliert sind, vorwiegend lasterhafte Taten verbieten statt tugendhafte Taten zu gebieten, ist unwichtig. Das vierte Gebot: »Ehre deinen Vater und deine Mutter« gebietet die Tugend des Respekts.

Nützlicher und vernünftiger als künstliche Konflikte zwischen zwei Betrachtungsweisen der Moral, nämlich der Tugendethik und der Pflichtethik, heraufzubeschwören, ist es, sich bewusst zu machen, dass diese beiden Fassungen der Moral unterschiedliche, aber nicht gegensätzliche Blickwinkel darstellen. Aus beiden Blickwinkeln kann man beurteilen, was gut und was schlecht ist im Handeln des Einzelnen und in den Beziehungen der Menschen untereinander. Es liegt nur an der falschen Perspektive des Beobachters, wenn beide Ethiken so scharf entgegengesetzt erscheinen, als würden sie einander ausschließen. Gegenstand der einen wie der anderen ist die gute Tat, verstanden als Handeln, dessen Beweggrund die Suche nach dem Guten und dessen Ziel das Bewirken des Guten ist. Einen Unterschied gibt es: Die Tugendethik beschreibt dieses Handeln, zeigt es auf und stellt es beispielhaft dar, während die Pflichtethik es als ein Verhalten vorschreibt, das man zeigen muss, mithin als eine Pflicht. Die Traktätchen über die Tugenden und jene *De officiis* ergänzen sich gegenseitig, sowohl dort, wo sie theoretisch über die Moral reflektieren, als auch dort, wo sie moralische Unterweisungen geben. Ebenso bilden sie eine Ergänzung, keinen Widerspruch in der christlichen Moralunterweisung, deren Adressaten wir von Kindheit an sind, nämlich die Aufzählung der Kardinaltugenden und der barmherzigen Werke, welche, wie wir uns erinnern, die Form von Vorschriften haben. Der Tradition der Tugendethik entstammen die Lebensbeschreibungen berühmter Menschen, der Helden und der Heiligen. Diese Gattung bewegt zum Guten, indem sie auf das Vorbild tugendhafter Menschen hinweist. Der

Gesetzesethik entstammt die Gattung des Katechismus, der zum Guten bewegt, indem er Beispiele guten Handelns aufzeigt. Beide haben eine je unterschiedliche Wirksamkeit, doch schließen sich diese Wirkungen nicht aus, sondern können einander hinzugefügt werden. Statt einen Gegensatz zwischen Tugenden und Gesetzen zu konstruieren, wäre es klüger, ihre Beziehung zu untersuchen und den unterschiedlichen praktischen Erfordernissen nachzugehen, aus denen sie entstehen und denen sie gehorchen.

Zur gleichen Zeit und in ähnlicher Form, in der das Thema der Tugenden wiederbelebt wurde, das aus der philosophischen Diskussion verschwunden schien, wurde ebenfalls in rationalismuskritischer Absicht, jedoch mit weitaus größerer gedanklicher Kraft, breiterer historischer Bildung und originelleren Ergebnissen das Thema der Leidenschaften wieder aufgenommen. Remo Bodeis monumentales Werk *Geometria delle passioni*[3] stellt in Bezug auf die Aufwertung der Tugendethik so etwas wie die Kehrseite der Medaille dar. Während die Tugendethik die Mäßigung, also die Disziplinierung der Leidenschaften lehrte (»Die *pleonexia*, die unersättliche Besitzgier, war die moralische Sünde der klassischen Ethik«[4]), stellt Bodei sich die Frage, ob die Antithese »Leidenschaft–Vernunft« nicht überprüft und den Leidenschaften jene Stellung zurückgegeben werden müsse, die ihnen gebührt, wenn es um die Rekonstruktion und das Verständnis der historischen Welt, besonders aber der zeitgenössischen Gesellschaft geht. Denn in ihr nehmen die »Wünsche« immer breiteren Raum ein, als die »Leidenschaften des Wartens auf Güter und Befriedigungen, deren zukünftige Erfüllung imaginiert wird«[5]. Bodei lenkt unsere Aufmerksamkeit unter anderem auf die Hume'sche Unterscheidung zwischen ruhigen oder kalten und erregten oder heißen Leidenschaften.[6] Wie wir sehen werden, führe ich für meine Definition der »Sanftmut« die Unterscheidung zwischen starken und schwachen Tugenden ein, die sich symmetrisch zur Hume'schen Unterscheidung verhält.

Die Freunde, die mich um diesen Vortrag gebeten hatten, wussten, dass ich nicht einen Augenblick lang würde nachdenken müssen, um »meine« Tugend zu finden. Ich schwankte lediglich zwischen »Sanftmut« (mitezza) und »Nachgiebigkeit« (mansuetudine). Aus zwei Gründen habe ich mich schließlich für »Sanftmut« entschieden: In den Seligpreisungen des Matthäus-Evangeliums (Matthäus 5,5), wo es auf Italienisch heißt »Beati i mansueti perché questi possiederanno la terra« (wörtlich übersetzt: »Selig sind die Nachgiebigen, denn sie werden die Erde besitzen«), steht im lateinischen Text der Vulgata *mites* und nicht *mansueti*. Warum man diese Übersetzung gewählt hat, weiß ich nicht. Es ist eine der vielen Fragen, die ich in meinem anspruchslosen Vortrag in der Schwebe lasse. Der zweite Grund ist, dass *mansueto* in der Bedeutung von »zahm« ursprünglich auf Tiere angewandt wurde, nicht auf Menschen, obwohl man es später im übertragenen Sinne auch für Menschen gebrauchte. (Dasselbe gilt freilich auch für *mite*: sanft wie ein Lamm. Doch das Tier ist zahm, weil es gezähmt wurde, während das Lamm aufgrund seines Wesens ein Sinnbild der Sanftmut ist). Das entscheidende Argument kann man den jeweiligen Verben entnehmen: *ammansare*, *ammansire* oder *mansuefare* (zähmen) bezieht sich fast ausschließlich auf Tiere. Tatsächlich sagt man »einen Tiger zähmen«, und nur im Scherz würde man sagen »die Schwiegermutter zähmen«. Bei Dante ließ Orpheus die Tiere zahm werden. *Mitigare* (mildern, besänftigen, lindern) dagegen bezieht sich fast ausschließlich auf menschliche Handlungen, Verhaltensweisen und Leidenschaften: Man mildert die Strenge eines Gesetzes, die Schärfe einer Strafe, man lindert den physischen Schmerz oder Gewissensbisse, man besänftigt Zorn und Wut, Empörung, Groll, also die Gewalt der Leidenschaften. Ich nehme einen Satz aus dem Wörterbuch: »Mit der Zeit milderte sich der Hass zwischen den beiden Nationen.« Man könnte nicht sagen »zähmte«, das wäre lächerlich.

Was die beiden abstrakten Begriffe »Nachgiebigkeit« und »Sanftmut« betrifft, die die jeweiligen Tugenden bezeichnen, so würde ich sagen (aber das ist eher ein Eindruck als eine Überzeugung, denn ich führe hier keinen streng wissenschaftlichen Beweis), dass die Sanftmut tiefer geht. Nachgiebigkeit liegt eher an der Oberfläche. Besser: Die Sanftmut ist aktiv, die Nachgiebigkeit ist passiv. Und weiter: Die Nachgiebigkeit ist eher eine individuelle, die Sanftmut eher eine gesellschaftliche Tugend. Gesellschaftlich ist sie genau in dem Sinne, in dem Aristoteles die individuellen Tugenden, wie den Mut und die Mäßigkeit, von der gesellschaftlichen Tugend schlechthin, der Gerechtigkeit unterschied. Gerechtigkeit ist eine auf andere gerichtete positive Bereitschaft, während sich der Mut und die Mäßigkeit als positive Bereitschaft nur auf die eigene Person richten. Nachgiebigkeit ist eine seelische Disposition des Individuums, die unabhängig von der Beziehung zu anderen als Tugend wahrgenommen und geschätzt werden kann. Der Nachgiebige ist ein besonnener, ruhiger Mensch, der sich nicht über Kleinigkeiten aufregt, der lebt und leben lässt und auf grundlose Bosheiten nicht reagiert, doch nicht aus Schwäche, sondern weil er das alltägliche Böse bewusst akzeptiert. Die Sanftmut dagegen ist eine seelische Disposition, die erst in der Gegenwart anderer aufleuchtet: Der Sanftmütige ist der Mensch, den der andere braucht, um das Böse in sich selbst zu besiegen.

Bei dem Turiner Philosophen Carlo Mazzantini – er gehörte zur Generation meiner Eltern und ist inzwischen kaum mehr bekannt –, der mir wegen seiner tief empfundenen Berufung zur Philosophie nahestand, obwohl wir grundverschiedene Auffassungen von der Aufgabe des Philosophen hatten, fand ich ein Lob und eine Definition der Sanftmut, die mich stark beeindruckt haben: Die Sanftmut, sagte er, sei eine einzigartige, höchste »Macht« (man beachte, das Wort »Macht« wird hier zur Beschreibung einer Tugend gebraucht, die an das Gegenteil von Macht denken lässt, an Ohnmacht, allerdings ohne Resignation), die darin bestehe, »den anderen sein zu lassen, was er ist«. Mazzantini fügte hinzu: »Der Gewalttätige hat keine Autorität, weil er denen, gegen die er Gewalt übt, die Möglichkeit nimmt, sich freiwillig für ihn aufzuopfern. Autorität besitzt, wer sich nicht der Gewalt beugt, sondern der Sanftmut.« »Den anderen sein zu lassen, was er ist«, ist also eine gesellschaftliche Tugend im ureigensten Sinne des Wortes.

Ich möchte noch eine sprachliche Beobachtung beschreiben, die ich, ehrlich gesagt, noch nicht gemacht hatte, als ich mich für dieses Thema entschied. »Sanftmütig« (*mite*) und »Sanftmut« (*mitezza*) sind Worte, die nur das Italienische vom Lateinischen geerbt hat. Das Französische kennt sie nicht, besitzt dafür jedoch *mansuetude*. Im Französischen werden *doux* und *douceur* in fast allen Fällen verwendet, für die wir *mite* haben: ein *caractère doux*, ein *hiver doux*. Wenn Montesquieu dem grausamen Charakter des japanischen Volks das indische Volk mit seinem *caractère doux* gegenüberstellt, übersetzen wir das mit *mite*, und der Begriff erscheint uns genauer, weniger allgemein. Würden wir *dolce* (süß) sagen, womit wir die Regeln unserer Muttersprache durchaus nicht verletzen, empfänden wir das jedoch als einen Gallizismus.

Abgesehen von diesen sprachlichen Beobachtungen, die hier nur knapp skizziert wurden, aber einen Eindruck von der Art des Problems vermitteln, vor dem wir stehen, geht es meiner Meinung nach hauptsächlich darum, der Tugend der Sanftmut ihren Ort innerhalb einer Phänomenologie der Tugenden zuzuweisen.

Neben der klassischen Unterscheidung zwischen individuellen und gesellschaftlichen Tugenden gibt es andere Unterscheidungen, die ich nicht berücksichtigt habe, zum Beispiel die ebenfalls klassische zwischen ethischen und dianoetischen Tugenden (die Sanftmut ist gewiss eine ethische Tugend), oder die von der christlichen Ethik eingeführte Unterscheidung zwischen theologischen oder göttlichen Tugenden (Glaube, Hoffnung, Liebe) und Kardinaltugenden (die Sanftmut ist gewiss eine Kardinaltugend). Es erscheint mir hingegen zweckmäßig, eine weitere Unterscheidung einzuführen, von der ich nicht weiß, ob andere sie bereits getroffen haben, nämlich die zwischen starken und schwachen Tugenden. Damit wir uns recht verstehen: »stark« und »schwach« sollen in diesem Zusammenhang keinesfalls positive beziehungsweise negative Konnotationen haben. Die Unterscheidung ist analytisch, nicht axiologisch. Was ich unter »starken Tugenden« und »schwachen Tugenden« verstehe, versuche ich vorzugsweise mit Beispielen zu erklären als mit einer Definition. Einerseits gibt es Tugenden wie Mut, Entschlossenheit, Tapferkeit, Beherztheit, Kühnheit, Weitsicht, Großzügigkeit, Freigebigkeit und Güte, die typisch für die Mächtigen sind (wir könnten sie auch »königliche« oder »herrschaftliche« und vielleicht sogar, ohne böse Hintergedanken, »aristokratische« Tugenden nennen). Es sind also Tugenden derjenigen, die regieren, leiten, befehlen und führen müssen und die Verantwortung für die Gründung und den Erhalt von Staaten tragen. Darum dürfen diese Tugenden sich vor allem im politischen Leben zeigen und darüber hinaus in dem, was unter zwei entgegengesetzten Blickwinkeln entweder als Sublimierung oder Pervertierung der Politik erscheint, nämlich dem Krieg.

Andererseits gibt es Tugenden wie Demut, Bescheidenheit, Mäßigung, Sittsamkeit, Schamhaftigkeit, Keuschheit, Enthaltsamkeit, Nüchternheit, Besonnenheit, Rechtschaffenheit, Lauterkeit, Arglosigkeit und Schlichtheit, und zu diesen gehören auch die Nachgiebigkeit, die Milde und die Sanftmut. Sie alle sind Tugenden des unbedeutenden, unscheinbaren Privatmenschen, desjenigen, der am unteren Ende der gesellschaftlichen Hierarchie steht und keinerlei Macht über andere hat, manchmal nicht einmal über sich selbst, desjenigen, den niemand bemerkt und der keine Spuren in den Archiven hinterlässt, wo nur die Erinnerungen an denkwürdige Persönlichkeiten und Ereignisse aufbewahrt werden dürfen. Ich nenne diese Tugenden »schwach«, doch nicht weil ich sie für minderwertig oder für weniger nützlich und edel, also weniger schätzenswert halte, sondern weil sie den Teil der Gesellschaft charakterisieren, in dem sich die Erniedrigten und Beleidigten finden. Es ist der Teil der Armen, der Untertanen, die niemals Herrscher sein werden, jener, die sterben, ohne ein anderes Zeichen ihres befristeten Aufenthalts auf dieser Erde zu hinterlassen als ein Kreuz auf dem Friedhof mit Namen und Datum. Mit ihnen beschäftigen die Historiker sich nicht, weil sie keine Geschichte machen. Sie sind eine andere Geschichte, die kleine, die untergegangene Geschichte, oder besser, die Nicht-Geschichte (obwohl man seit einigen Jahren von einer Mikrogeschichte im Gegensatz zur Makrogeschichte spricht, und wer weiß, vielleicht gibt es in dieser Mikrogeschichte auch für diese Menschen einen Platz). Ich denke an die wunderbare Beschreibung, die Hegel von den Männern der Weltgeschichte gibt, wie er sie nennt, den Staatengründern, den »Heroen«: Ihnen ist erlaubt, was dem gemeinen Mann nicht erlaubt ist, auch die Anwendung von Gewalt. In ihren Reihen gibt es keinen Platz für die Sanftmütigen. Wehe den Sanftmütigen: Ihnen wird die Herrschaft über die Erde nicht gegeben. Ich denke an die gebräuchlichsten Epitheta der Mächtigen: weitherzig, groß, siegreich, verwegen, kühn und – ja, auch schrecklich und blutrünstig. Wer hätte in dieser Galerie der

Mächtigen je einen Sanftmütigen gesehen? Man schlägt mir Ludwig den Frommen vor, aber ein solcher Titel klingt nicht nach ruhmreichen Taten.

Es könnte interessant sein, Bücher aus der literarischen Gattung der *Specula principis* zu Rate ziehen, um diese Anmerkungen zu vervollständigen. Denn dort findet man eine vollständige Aufzählung der Tugenden, die als Eigenschaften des guten Regenten gelten. Ich habe zu *Die Erziehung des christlichen Fürsten* von Erasmus gegriffen (der Anti-Machiavelli, die andere Seite des »dämonischen Antlitzes der Macht«). Dies sind die höchsten Tugenden des idealen Fürsten: Güte, Freundlichkeit, Unparteilichkeit, Sittlichkeit, Barmherzigkeit, weiterhin Umsicht, Rechtschaffenheit, Nüchternheit, Besonnenheit, Wachsamkeit, Wohltätigkeit und Ehrlichkeit. Man beachte: Es sind fast alles Tugenden, die ich »schwach« genannt habe. Der christliche Fürst ist das Gegenteil von Machiavellis Fürst und den Heroen Hegels (der ein großer Bewunderer Machiavellis war). Die Sanftmut habe ich dennoch nicht gefunden, außer mit Bezug auf Strafen, die »milde« sein müssen (freilich wird die Todesstrafe nicht ausgeschlossen, sie basiert auf dem alten und immer wieder neuen Argument, dass das kranke Glied abgetrennt werden muss, damit der gesunde Körper sich nicht infiziert). Da jede Tugend sich besser erklären lässt, wenn man das entsprechende Laster dagegenhält, wäre das Gegenteil von Sanftmut oder Milde, in dem Sinne, in dem man von einer milden Strafe spricht, Strenge, Härte, und in dieser Bedeutung kann »Sanftmut« auch durch »Nachsicht« ersetzt werden. Doch das ist natürlich nicht die Bedeutung, um die es mir in meiner Lobrede geht.

Den Gegensatz zur Sanftmut, so wie ich sie verstehe, bilden die Arroganz, die Überheblichkeit und die Anmaßung, was je nachdem, wie man sie interpretiert, Tugenden oder Laster des politischen Menschen sein können. Die Sanftmut ist keine politische Tugend, im Gegenteil, sie ist die unpolitischste aller Tugenden. In einer starken Bedeutung von Politik, der machiavellistischen, oder, zeitgemäßer, in ihrer Bedeutung bei Carl Schmitt ist die Sanftmut sogar das Gegenteil von Politik. Genau darum (es mag eine *Déformation professionelle* sein) interessiert sie mich besonders. Man kann keine politische Philosophie betreiben, wenn man nicht auch den Versuch macht, zu verstehen, was außerhalb der Politik liegt, sich also in die Sphäre des Nicht-Politischen vorwagt und die Grenzen zwischen Politischem und Nicht-Politischem zieht. Denn nicht alles ist Politik. Die Vorstellung, alles sei Politik, ist schlicht und einfach grässlich. Ich darf sagen, dass ich die Sanftmut just auf einer solchen Entdeckungsreise über die Grenzen des Politischen hinaus entdeckt habe. Im politischen Kampf, auch im demokratischen, unter dem ich den gewaltlosen Kampf um die Macht verstehe, spielen sanftmütige Menschen keine Rolle. Die beiden Symboltiere des politischen Menschen sind – ich erinnere an das achtzehnte Kapitel von Machiavellis *Der Fürst* – der Löwe und der Fuchs. Das Lamm, das »sanfte« Lamm, ist kein politisches Tier, es ist allenfalls das prädestinierte Opfer, dessen Opferung dem Mächtigen dazu dient, die Dämonen der Geschichte zu besänftigen. Eine volkstümliche Spruchweisheit lautet: »Wer sich zum Lamm macht, den fressen die Wölfe«. Auch der Wolf ist ein politisches Tier: Hobbes' Naturstand mit dem *homo homini lupus* ist der Beginn der Politik, ihre Fortsetzung ist der *princeps principi lupus* in den internationalen Beziehungen.

Die Sanftmut ist zunächst das Gegenteil der Arroganz im Sinne einer übertriebenen Bewertung der eigenen Verdienste, womit dann die Herabsetzung des anderen gerechtfertigt wird. Der Sanftmütige hat keine hohe Meinung von sich, nicht etwa weil er sich gering schätzt, sondern weil er dazu neigt, eher an die Hinfälligkeit als an die Größe des

Menschen zu glauben, und er betrachtet sich als Mensch wie alle anderen. Stärker ist der Gegensatz zwischen Sanftmut und Überheblichkeit, der ostentativen Arroganz. Der Sanftmütige trägt nichts zur Schau, auch die eigene Sanftmut nicht. Das Hervorkehren, das prahlerische Demonstrieren der eigenen Tugenden ist an sich schon ein Laster. Die zur Schau gestellte Tugend verkehrt sich in ihr Gegenteil. Wer sich seiner Nächstenliebe brüstet, dem fehlt es an Nächstenliebe. Wer mit seiner Intelligenz prahlt, ist im Allgemeinen ein Dummkopf. In einem noch schärferen Widerspruch steht die Sanftmut zur Anmaßung, und ich sage »noch schärfer«, weil die Anmaßung etwas Schlimmeres ist als die Überheblichkeit. Anmaßung ist nicht nur ostentative, sondern tatsächlich ausgeübte, unberechtigt angemaßte Macht. Der Anmaßende führt seine Macht vor, die Macht, andere mit dem Daumen zu zerquetschen wie eine Fliege oder mit dem Fuß wie einen Wurm. Diese Macht setzt der Anmaßende mit missbräuchlichen und willkürlichen Übergriffen jedweder Art durch, falls nötig auch unter Anwendung grausamer Methoden. Der Sanftmütige dagegen »lässt den anderen das sein, was er ist«, auch wenn der andere der Arrogante, der Überhebliche und der Anmaßende ist. Er tritt mit den anderen nicht in Beziehung, um zu rivalisieren, zu streiten und schließlich zu siegen. Der Geist des Wettkampfs, der Konkurrenz, der Rivalität, also auch des Siegens ist ihm vollkommen fremd. Im Lebenskampf ist er darum der ewige Verlierer. Das Bild, das er von der Welt und der Geschichte hat, von der einzigen Welt und Geschichte, in der er leben möchte, ist das einer Welt und einer Geschichte, in der es weder Sieger noch Verlierer gibt, und es gibt weder Sieger noch Verlierer, weil es keine Konkurrenz um den Vorrang, keinen Kampf um die Macht, keinen Wettstreit um Reichtümer gibt, das heißt, es fehlen bereits die Voraussetzungen, um die Menschheit in Sieger und Verlierer zu unterteilen.

Ich möchte jedoch vermeiden, dass Sanftmut mit Willfährigkeit verwechselt wird. Wenn man einen Begriff eingrenzen und definieren will, kann man sowohl die Methode der Entgegensetzung anwenden (zum Beispiel den Frieden als das Gegenteil des Kriegs definieren) als auch mit Ähnlichkeiten operieren (der Frieden ähnelt dem Waffenstillstand, ist aber dennoch etwas anderes als der Waffenstillstand). Dieser Hilfsmittel bediene ich mich, um zu einer Definition der Sanftmut als Tugend zu gelangen. Nachdem ich sie zunächst anhand ihres Gegenteils definiert habe, versuche ich jetzt, die Definition durch die Ähnlichkeit der Sanftmut mit den sogenannten verwandten (aber andersartigen) Tugenden zu vervollständigen.

Der Willfährige ist jemand, der aus Schwäche, aus Angst, aus resignativer Ergebenheit auf den Kampf verzichtet. Nicht so der Sanftmütige – er lehnt den zerstörerischen Lebenskampf ab, weil er Ekel vor diesem Kampf empfindet, weil dessen Ziele ihm nichtig erscheinen, weil die Güter, die in den meisten Menschen Begierden wecken, ihm zutiefst gleichgültig sind und weil ihm jene Leidenschaft fehlt, die laut Hobbes einer der Gründe für den Kampf aller gegen alle ist, nämlich die Eitelkeit oder der Geltungsdrang, der die Menschen dazu treibt, immer und überall herausragen zu wollen. Was dem Sanftmütigen außerdem völlig fehlt, ist die starrsinnige Haltung des »Wie du mir, so ich dir«, als deren Konsequenz sich sogar Streitereien um Kleinigkeiten in einer endlosen Abfolge von Revanchen und Vergeltungsschlägen immer weiter fortsetzen. Dem Sanftmütigen ist der Geist der Fehde oder Rache fremd, der zwangsläufig mit dem Tod beider Kontrahenten oder dem Sieg des einen über den anderen endet. Der Sanftmütige ist weder willfährig noch ergeben, denn die Ergebenheit ist die Bereitwilligkeit desjenigen, der die Logik des Wettkampfs akzeptiert hat, die Regel eines Spiels, bei dem es am Ende einen Sieger und einen Verlierer gibt (ein Nullsummenspiel, wie es in der Spieltheorie heißt). Der Sanftmütige grollt niemandem, er ist nicht nachtragend und hegt keine Ressentiments gegen wen auch immer. Wurde er beleidigt, brütet er nicht lange über dem Unrecht, das ihm angetan wurde, er schürt keine Hassgefühle, streut kein Salz in seine Wunden. Um mit sich selbst im Einklang zu sein, muss er zuallererst mit den anderen im Einklang sein. Niemals eröffnet er das Feuer, und wenn die anderen es eröffnen, lässt er sich auch dann nicht verbrennen, wenn er es nicht löschen kann. Er geht durch das Feuer, ohne Schaden zu nehmen, und durch Gefühlsstürme, ohne aus der Ruhe zu geraten, weil er stets seine Beherrschung, seine Gesetztheit, seine Bereitwilligkeit wahrt.

Der Sanftmütige ist ein friedlicher Mensch, aber, ich sage es noch einmal, er ist nicht willfährig, ja, nicht einmal gutmütig. Hinter der Gutmütigkeit verbirgt sich eine gewisse Naivität oder Grobheit des Urteils über andere. Der Gutmütige ist leichtgläubig, zumindest ist er selbst nicht boshaft genug, um andere böser Absichten zu verdächtigen. Dass die Sanftmut eine Tugend ist, steht für mich außer Frage. Ob auch die Gutmütigkeit eine ist, bezweifle ich, denn der Gutmütige hat keine gleichberechtigte Beziehung zu anderen (darum muss die Gutmütigkeit, wenn sie denn eine Tugend ist, eine passive sein).

Ebenso wenig darf man die Sanftmut mit der Demut verwechseln (der vom Christentum zur Tugend erhobenen Demut). Spinoza bezeichnet die Demut als »tristitia orta ex eo quod homo suam impotentiam sive imbellicitatem contemplatur« (»Trauer, die dem Nachdenken des Menschen über seine Ohnmacht oder Schwäche entspringt«), und die *tristitia* wiederum wird als »transitio a maiore ad minorem perfectionem« definiert (»Übergang von größerer zu geringerer Vollkommenheit«). Der Unterschied zwischen Sanftmut und Demut liegt meiner Meinung nach in dieser »tristitia«: Die Sanftmut ist keine Form von »tristitia«, sie ist vielmehr eine Form des Gegenteils von Trauer, der »laetitia«, der Freude, im Sinne des umgekehrten Übergangs von einem geringeren zu einem höheren Grad an Vollkommenheit. Der Sanftmütige ist heiter, weil er zuinnerst davon überzeugt ist, dass seine Welt besser ist als die der anderen, und er nimmt sie im alltäglichen Handeln vorweg, indem er die Tugend der Sanftmut ausübt, obwohl er weiß, dass es diese Welt hier und jetzt nicht gibt, ja vielleicht nie geben wird. Überdies ist das Gegenteil von Demut die übertriebene Selbstzufriedenheit, in einem Wort, der Hochmut. Das Gegenteil der Sanftmut ist, wie bereits gesagt, die ungerechtfertigte Anmaßung von Macht, der Übergriff. Der Sanftmütige kann als Wegbereiter einer besseren Welt vorgestellt werden, der Demütige ist nur ein hochachtbarer, aber hoffnungsloser Zeuge dieser Welt.

Noch verfehlter wäre es, die Sanftmut mit der Bescheidenheit zu verwechseln. Bescheidenheit ist gekennzeichnet durch eine nicht immer ehrliche, häufig sogar heuchlerische Unterbewertung der eigenen Person. Sanftmut ist weder Unter- noch Überbewertung des Selbst, weil sie keine auf das Ich gerichtete Bereitschaft ist, sondern, wie gesagt, immer ein Verhalten gegenüber anderen, das sich nur durch seine Beziehung auf den Mitmenschen erklärt. Es ist nicht auszuschließen, dass der Sanftmütige auch demütig und bescheiden sein kann. Doch die drei Veranlagungen fallen nicht zusammen. Demütig und bescheiden sind wir für uns selbst. Sanftmütig sind wir gegenüber unserem Nächsten.

Als Verhaltensweise im Umgang mit anderen streift die Sanftmut den Bereich der Toleranz und des Respekts vor den Ideen und Lebensweisen anderer. Doch auch wenn der Sanftmütige tolerant und respektvoll sein mag, er ist mehr als das. Toleranz beruht auf Gegenseitigkeit, man muss mindestens zu zweit sein. Eine Situation der Toleranz entsteht, wenn einer den anderen toleriert. Wenn ich dich toleriere, du mich aber nicht tolerierst, gibt es keinen Zustand der Toleranz, im Gegenteil, dann übt der eine Gewalt über den anderen aus. Ebenso verhält es sich mit dem Respekt. Ich zitiere Kant: »Ein jeder Mensch hat rechtmäßigen Anspruch auf Achtung von seinen Nebenmenschen, und *wechselseitig* ist er dazu auch gegen jeden Anderen verbunden.«[7] Der Sanftmütige fordert keinerlei Gegenseitigkeit: Sanftmut ist eine auf andere gerichtete Bereitschaft, die nicht erwidert werden muss, um sich in all ihren Konsequenzen zu offenbaren. Wie übrigens auch Gutmütigkeit, Wohlwollen, Großzügigkeit oder die *bienfaisance* – alles gesellschaftliche, gleichzeitig aber einseitige Tugenden. Das soll nicht wie ein Widerspruch erscheinen: Sie sind einseitig in dem Sinne, dass der Hinwendung des einen zum anderen keine Hinwendung in der umgekehrten Richtung entspricht. »Ich toleriere dich, wenn du mich tolerierst.« Stattdessen heißt es hier: »Ich bewahre und unterstreiche meine Sanftmut – oder meine Großzügigkeit oder mein Wohlwollen – dir gegenüber, unabhängig davon, ob du ebenso sanftmütig – oder großzügig oder wohlwollend – mit mir umgehst.« Toleranz entsteht aus einer Übereinkunft und hält so lange an wie diese Übereinkunft. Sanftmut ist eine Schenkung und hat keine im Voraus festgelegten Grenzen.

Um das Bild zu vervollständigen, sollte man sich vor Augen führen, dass es neben den verwandten Tugenden auch die komplementären Tugenden gibt, also Tugenden, die zusammen auftreten können und sich dabei gegenseitig verstärken. Mir kommen zwei in den Sinn, die eine Beziehung zur Sanftmut eingehen können: die Schlichtheit und die Barmherzigkeit (oder das Mitgefühl). Dazu muss angemerkt werden, dass Schlichtheit fast immer eine notwendige Voraussetzung für Sanftmut ist, und Sanftmut eine mögliche Voraussetzung für das Mitgefühl. Mit anderen Worten, um sanftmütig zu sein, muss man schlicht sein, und der Sanftmütige ist zum Mitfühlen besonders geneigt. Unter »Schlichtheit« verstehe ich eine geistige Haltung, die vor unnütz Verworrenem zurückschreckt, praktisch gewendet, vor zweideutigen Positionen. Wer mag, kann sie sich im Verein mit der Klarheit, der Verständlichkeit, der Aversion gegen Täuschung vorstellen. So verstanden, scheint mir die Schlichtheit eine Vorbedingung oder, besser, eine Prädisposition für die Sanftmut zu sein. Ein komplizierter Mensch ist kaum zur Sanftmut fähig, sieht er doch überall Intrigen, Ränke und Hinterhalte, darum wird er seiner selbst umso unsicherer sein, je misstrauischer er gegen andere ist.

Was die Beziehung zwischen Sanftmut und Mitgefühl betrifft, so würde ich sie nicht als notwendig, sondern nur als möglich bezeichnen: Sanftmut kann eine Prädisposition für das Mitgefühl sein, muss es aber nicht. Doch das Mitgefühl ist, wie der Moralphilosoph Aldo Capitini[8] gesagt hätte, ein »Zusatz«. Es ist ganz offensichtlich ein Zusatz, denn von allen Wesen in der Natur kennt nur der Mensch die Tugend des Mitgefühls. Das Mitgefühl gehört zu seiner Größe, seiner Würde, seiner Einzigartigkeit. Wie viele Tugenden hat man nicht durch Tiere versinnbildlicht! Einige dieser Tugenden wurden hier bereits genannt: schlicht wie eine Taube, sanft wie ein Lamm, das edle Ross, die freundliche Gazelle, der mutige und großzügige Löwe, der treue Hund. Hat man je versucht, das Mitgefühl durch ein Tier darzustellen? Es wird nicht gelingen. Giambattista Vico sagte, die zivilisierte Welt des Menschen sei aus dem Schamgefühl entstanden, weil die vom Blitz des Zeus erschreckten Menschen die lüsterne Venus verließen und ihre Frauen in Höhlen verbargen. Wir können durchaus annehmen, dass die zivilisierte Welt mit dem Schamgefühl begonnen hat. Doch nur das Mitgefühl unterscheidet die menschliche von der tierischen Welt, dem nicht-menschlichen Reich der Natur. In der Menschenwelt kann es unter bestimmten Umständen geschehen, dass das »Mitleid stirbt«, wie es in einem Partisanenlied heißt, das meiner Generation noch vertraut ist. Im Tierreich kann das Mitleid nicht sterben, weil es dort nicht vorkommt.

Ich fühle mich verpflichtet, am Schluss dieser flüchtigen Betrachtungen die Gründe darzulegen, die mich bewogen haben, aus der Fülle der Tugenden gerade die Sanftmut auszuwählen.

Sie werden wahrscheinlich gedacht haben, dass ich die Sanftmut als eine mir besonders naheliegende Tugend empfinde. Nein, ich bekenne aufrichtig, dass das nicht zutrifft. Gerne hätte ich das Naturell des sanftmütigen Menschen. Aber ich werde viel zu oft von Wut gepackt (ich sage bewusst »Wut« und nicht »heroische Leidenschaften«)[9], um mich als sanftmütigen Menschen zu bezeichnen. Ich liebe die Sanft-mütigen, das ist wahr, denn sie machen diese Erde bewohn-barer, und das bringt mich auf den Gedanken, dass die ideale Stadt nicht die von den Utopisten bis in kleinste Einzelheiten erdachte und beschriebene Stadt sein kann, wo eine so strikt befolgte Gerechtigkeit herrscht, dass sie schon wieder uner-träglich wird, sondern jene Stadt, in der alle Sitten und Ge-bräuche sich durch Liebenswürdigkeit auszeichnen (wie in dem idealisierten China der Schriftsteller des 18. Jahrhun-derts). So wie ich sie vorgestellt habe, ist Ihnen die Sanftmut wahrscheinlich als eine weibliche Tugend erschienen. Das war meine Absicht, ich gebe es unumwunden zu. Ich weiß, dass es für die Frauen, die gegen die jahrhundertealte Vor-herrschaft des Mannes rebellieren, ein Ärgernis sein muss, wenn ich sage, dass mir die Sanftmut gerade wegen ihrer Weiblichkeit immer wünschenswert erschienen ist. (Rein zufällig sage ich diese Dinge ausgerechnet heute, am Tag der Frau.) Ich glaube, diese Tugend würde endgültig an dem Tag triumphieren, an dem die Stadt der Frauen entsteht (natür-lich nicht die von Fellini). Darum finde ich nichts abscheulicher als den Ruf der glühendsten Feministinnen: »Tremate, tremate, le streghe son tornate!« (Erzittert, die Hexen sind zurückgekehrt). Die polemische Bedeutung einer solchen Wendung kann ich nachvollziehen, aber sie ist trotzdem schrecklich.

Meine Entscheidung für die Sanftmut ist also nicht biographisch motiviert. Für sich genommen ist sie eine metaphysische Entscheidung, denn ihre Wurzeln liegen in einer Weltanschauung, die ich anders nicht zu rechtfertigen weiß. Doch unter dem Gesichtspunkt der Umstände, die zu ihr geführt haben, handelt es sich um eine historische Entscheidung. Betrachten Sie sie als eine Reaktion auf die gewalttätige Gesellschaft, in der zu leben wir gezwungen sind. Ich bin nicht etwa so naiv, zu glauben, die menschliche Geschichte sei immer ein Idyll gewesen: Hegel bezeichnete sie als »ein riesiges Schlachthaus«. Doch heute gibt es die atomaren »Megatonnen«, und sie stellen eine absolute Neuheit für das »Schicksal der Erde« dar (um den Titel des Buches von Jonathan Schell aufzugreifen). Heute ist es möglich, die Erde mit den Waffen, die in den Arsenalen der Supermächte lagern, mehrmals zu zerstören, sagen die Experten. Dass es möglich ist, bedeutet nicht, dass es zwangsläufig geschehen muss. Und selbst wenn der Atomkrieg ausbräche, würde die Erde nicht ganz und gar zerstört, so wiederum die Einschätzung der Experten. Doch welch eine Mühe, wieder ganz von vorn anfangen zu müssen! Was mich erschreckt, sind diese verfluchten Megatonnen in Verbindung mit der Machtgier, die nicht abgenommen hat, im Gegenteil, in diesem Jahrhundert, im Jahrhundert der beiden Weltkriege und des vierzigjährigen latenten Krieges zwischen den beiden Großmächten, scheint sie sogar zugenommen und sich verfeinert zu haben. Überdies gibt es nicht nur die Machtgier der Großen. Es gibt auch ein Streben nach Macht bei den Kleinen, wie dem vereinzelten Attentäter, der kleinen terroristischen Gruppe, dem, der eine Bombe zündet, wo sich viele Menschen aufhalten, in einer Bank, in einem überfüllten Zug, im Wartesaal eines Bahnhofs, damit möglichst viele unschuldige Menschen sterben. Es ist der Machthunger von Leuten, die sich in folgender Selbstrechtfertigung wiedererkennen: »Ich, ein kleiner, unbedeutender, geringer Mann, töte den bedeutenden Mann, den Helden unserer Zeit, und weil ich ihn töte, bin ich mächtiger als er. Oder ich töte mit einem Schlag viele Menschen, die so unbedeutend und gering sind wie ich, aber vollkommen unschuldig. Einen Schuldigen zu töten ist ein Akt der Gerechtigkeit, Unschuldige zu töten ist dagegen der höchste Ausdruck des Willens zur Macht.«

Sie haben verstanden: Der Sanftmütige ist für mich der Gewaltlose, die Sanftmut gleichbedeutend mit der Weigerung, Gewalt gegen wen auch immer auszuüben. Die Sanftmut ist also keine politische Tugend. Oder sogar – in einer durch den Hass der großen und kleinen Mächtigen mit Blut befleckten Welt – das Gegenteil von Politik.

Aus dem Italienischen von Annette Kopetzki

Blick zurück nach vorn: Religion der Menschenrechte und Geheimnis der Existenz

Norberto Bobbio im Gespräch mit Otto Kallscheuer

Otto Kallscheuer: Darf ich Ihnen eine Diagnose zur geistigen Krise der Zeit vorlesen? Die Krise bestehe »im Zerspringen der einen schmerzlichen Wahrheit in tausend gleichgültige Wahrheiten, und daraus erklärt sich die moralische Apathie, sich im Strom der Gesellschaft und der Dinge treiben zu lassen; sie besteht im Zerbrechen eines einzigen selbstbewussten Willens in tausend Beliebigkeit [...], im Verdunkeln der inneren Klarheit, an deren Stelle erneut gefährlich der Mythos droht«.

Norberto Bobbio: O Gott! Welch ausladender Stil ...

OK: Das haben Sie selbst im Jahre 1943 geschrieben, in *Die Philosophie des Dekadentismus*, einer scharfen Kritik am Jargon der Eigentlichkeit bei Heidegger und Jaspers. Das Buch endet mit dem Plädoyer für einen »neuen Personalismus« als Alternative zum »apolitischen« Existentialismus.

NB: Nun, damals, als in Italien bereits der antifaschistische Befreiungskrieg begonnen hatte, stellte sich auf dramatische Weise das Thema der menschlichen Person für die nachfaschistische Ordnung. Die heutige Situation ist doch eine völlig andere, auch wenn es eine Gefahr gibt, die sich erneut stellt. Das Ende unseres Jahrhunderts – eines Jahrhunderts, das in seiner ersten Hälfte so viel Gewalt, Krieg und Zerstörung erlebt hat – verzeichnet eine neue Wendung zur Gewalt, nicht nur in den internationalen Konflikten seit Ende des Kalten Krieges. Wir erleben auch innerhalb unserer Gesellschaften eine ungeahnte Zunahme der Gewalt.

OK: Was halten Sie von Analysen, welche die Zunahme von Anomie, Kriminalität und Intoleranz in den westlichen Gesellschaften, aber auch in den ehemals kommunistischen Ländern, als das Ergebnis ihrer fortschreitenden Individualisierung begreifen? Die moderne Auflösung traditioneller Bindungen führe zum Schwinden von demokratischem ›Gemeinsinn‹ und dem Verlust innergesellschaftlichen Vertrauens.

NB: Nein, ich bin ganz im Gegensatz zu den Kommunitaristen fest bei der individualistischen Auffassung geblieben, dass sich die liberale Demokratie auf den Vorrang des Individuums gründet. Der einzige wahrhafte Fortschritt, den ich überhaupt in diesem Jahrhundert zu sehen vermag, die allgemeine Anerkennung der Menschenrechte, bezieht sich auf die Rechte der Individuen – nicht als Teile dieser oder jener Gemeinschaft, als Bürger dieses oder jenes Staates.

OK: Und was sagen Sie zu der Forderung nach kulturellen oder religiösen Rechten für bestimmte Gemeinschaften?

NB: Wir gehören doch gleichzeitig ganz verschiedenen Gemeinschaften an. Manchmal fallen religiöse und ethnische Gemeinschaft zusammen, aber häufig ist das nicht der Fall, und du gehörst einer Religionsgemeinschaft an, die mit der Religion deines Volkes nicht übereinstimmt – oder umgekehrt. Zwar spricht man heute wieder von der Verteidigung der Rechte der Völker. Aber gibt es etwa ein Volk als solches, dessen Existenz gegenüber den Einzelnen vorgängig wäre? Das Volk ist eine Abstraktion – demgegenüber ist allein das Individuum konkret!

Hierin besteht der Kern der gemeinsamen Überzeugungen, Hoffnungen und Ideale, die man durchaus zutreffend die

Bürgerreligion oder »Zivilreligion der Menschheit« genannt hat: dass endlich das Individuum als solches als Träger von Grundrechten anerkannt wird.

Meine Vorstellungen haben sich in den dreißiger und vierziger Jahren herausgebildet. Damals stand auf der einen Seite der Mensch, das Individuum und auf der anderen Seite die Masse oder – wie es hieß – der Massenstaat: *lo stato-massa* (Bobbio wiederholt das Wort mehrfach). Und ich weiß genau, worum es sich dabei handelt. Ich brauche doch nur an die Situation zu denken, als wir in den dreißiger Jahren an den großen Massenaufmärschen teilnahmen. Etwa in Rom, wenn der Duce vom Balkon des Palazzo Venezia zur Menge sprach. Die gewaltige Menge, die ihm auf der Piazza zujubelte, wenn sie »Jawohl!« schrie, oder: »Nein, niemals!«, das war die Masse! Das waren nicht die Individuen, das war die Masse! Was wäre denn geschehen, wenn ein Einzelner es gewagt hätte, zu widersprechen? Er hätte nicht einmal seine Stimme zu Gehör bringen können …

Der Wert, der gegenüber dem Staat, der alles sein will, hervortritt, ist das Individuum. Und das unaufgebbare Recht des Einzelnen gegenüber jeder Art von Menge, Masse oder Gemeinschaft gehört seit dem Ende des Faschismus zu meinen ethischen und politischen Grundkategorien.

OK: In Ihrem Buch *Das Zeitalter der Menschenrechte* beziehen Sie sich dazu ja auf den Gedanken eines *Ius Cosmopoliticum*, des Weltbürgerrechts, bei Immanuel Kant.

NB: Mit der Einrichtung internationaler Kriegsverbrechertribunale werden die Menschenrechte zum ersten Mal in der Geschichte im Sinne eines *ius causae* anerkannt: als Recht zur Prozesseröffnung, zum Schutz eines Individuums, und zwar ganz unabhängig von dem Staat, dem es angehört. Zum ersten Mal werden diese Rechte als universal gültige Rechte betrachtet, und sie sollen daher auch gegen den Staat gelten. Das ist gewiss nur eine mögliche Entwicklungstendenz der internationalen Rechtsbeziehungen; aber in ihr sehe ich den einzig möglichen Fortschritt.

OK: Sie haben wiederholt das historisch neue Faktum unterstrichen, dass zum ersten Mal seit zwei oder drei Jahrhunderten auch alle christlichen Konfessionen in dieser Frage der Menschenrechte mit dem laizistischen Denken einverstanden sind. Sogar die katholische Kirche, noch für Benedetto Croce in seiner *Geschichte Europas im 19. Jahrhundert* der Antipode der »Religion der Freiheit« *par excellence*, trifft sich seit dem letzten Konzil mit der liberalen Tradition.

NB: Papst Johannes Paul II. hat sich noch auf seiner Indienreise im November 1999 auf die Religionsfreiheit berufen als grundlegendes Recht aller Menschen, in welchem Territorium sie sich auch aufhalten, wessen Staates Bürger sie sein mögen. In diesem Sinne kann man tatsächlich von den Menschenrechten als der Bürgerreligion der Humanität sprechen.

OK: Freilich geht diese neue Ökumene zwischen weltlichem und christlichem Personalismus nur bis zu einem bestimmten Punkt. Ich erinnere nur an die Frage der Abtreibung.

NB: Auch wenn die Menschenrechte nach einer langen historischen Periode kirchlichen Misstrauens endlich auch von der Hierarchie akzeptiert werden, bleibt ein Unterschied in den Prioritäten: Für das Denken der Aufklärung war das erste der Menschenrechte unzweifelhaft die Freiheit …

OK: … nach Immanuel Kant zuallererst die Freiheit, »von seiner Vernunft in allen Stücken öffentlichen Gebrauch zu machen«.

NB: … während zweifellos für die kirchliche Hierarchie an erster Stelle die Bewahrung des »gottgegebenen« Lebens kommt, und zwar auch des ungeborenen Lebens.

OK: In einer deutschen Polemik um den neuen Philosophen Peter Sloterdijk, der mit der Rede von künftigen genetischen »Anthropotechniken« sowohl den Aufklärungshumanismus als auch das katholische Naturrechtsdenken provozieren wollte, fand sich unverhofft auch die aufklärerische Linke auf Seiten des Christentums in einer Frontstellung wider neo-heidnische Ideen von Menschenzucht. Gehört also die monotheistische Tradition zum genetischen Code der Aufklärung?

NB: Dürfen wir bis zum Punkte vordringen, den Menschen völlig zu transformieren, künftige Menschen zu klonen oder zu programmieren? Nun, das ist ein uraltes Thema der Utopien. Schon in Tommaso Campanellas Sonnenstaat wird ja genau festgelegt, wann Männer und Frauen sich paaren dürfen, wer sich mit wem nach der Eignung der jeweiligen Organismen verbinden darf.

OK: Gibt es denn in der zivilen Religion der Aufklärung den Begriff eines selbstgesetzten menschlichen Maßes? Papst Johannes Paul II. hat ja auch behauptet, der antihumane Nihilismus sei im neuzeitlichen »Drama der Trennung zwischen Glauben und Vernunft« verankert, letztlich also der Unabhängigkeitserklärung der Vernunft gegenüber dem Glauben geschuldet (*Fides et Ratio*, Nr. 45 und 46).

NB: Auf die Frage nach Kriterien, aufgrund derer wir entscheiden könnten, wo wir mit der wissenschaftlichen Forschung aufhören müssen und wo wir weitergehen sollten, weiß ich keine Antwort. Was die Enzyklika *Fides et Ratio* angeht, so zeigt sich der Papst zwar äußerst besorgt über die Philosophien des Rationalismus, aber eigenartigerweise bekümmert ihn der wahre Gegner überhaupt nicht: der technologische Fortschritt!

Wenn wir uns um die Zukunft der Menschheit sorgen wollen, müssen wir uns mit dem wissenschaftlichen Wissen befassen, nicht mit den Philosophien. Die sind reichlich irrelevant. Ob hier ein »schwaches Denken« nach Heidegger und dort ein Nietzscheanismus vertreten wird, bekümmert mich überhaupt nicht. Solche philosophischen Dispute hat es doch immer gegeben: Denken Sie nur an den großen Streit zwischen Empiristen und Rationalisten. Was heute jedoch eine Gefahr für die Menschheit darstellen könnte, ist die Wissenschafts- und Technologie-Entwicklung!

Diese ist erstens längst grenzenlos geworden, ihre Beschleunigung kennt keine Bremsen mehr. Sie ist zweitens unaufhaltsam. Es gibt keine Säulen des Herkules mehr, jenseits derer der neugierige Odysseus Schiffbruch erleiden müsste. Und drittens ist der wissenschaftlich-technische Fortschritt unumkehrbar. Es gibt keinen Weg zurück: Nachdem die Atombombe einmal erfunden worden ist, kann man diese Erfindung nicht mehr beseitigen! Nachdem einmal der genetische Code des Menschen entdeckt wurde, lässt sich dieses Wissen nicht mehr rückgängig machen. Und das ist furchterregend!

Was aber kann die Kirche schon zu diesen Entwicklungen sagen? Die Säkularisierung unseres Weltbildes beruht auf der Wissenschaftsentwicklung. Die unumkehrbare Aufklärung beginnt ja nicht mit Kant, sondern mit Galilei – und sie betrifft nicht die Philosophie oder die Theologie, sondern die Wissenschaftsentwicklung. Der Streit Roms mit Luther und Calvin dauert seit Jahrhunderten an, aber einem Galilei musste am Ende sogar der Papst recht geben ...

OK: ... auch wenn es zum Jahrhundertende in Augsburg zu einem neuen Kompromiss zwischen Lutheranern und Katholiken in der Rechtfertigungslehre gekommen ist.

NB: (mit grimmigem Lächeln) Jaja, ob es »die Werke« sind – oder »der Glaube allein«, die dem Menschen die ewige Seligkeit bringen. Wie konnte die Welt sich nur für Jahrhunderte über die Exklusivität göttlicher Gnade die Köpfe einschlagen!

OK: Der neue Kompromiss ist sofort von zahlreichen protestantischen Theologen als ›Ausverkauf‹ an Rom kritisiert worden.

NB: Man muss zu solchen Fragen einfach in gewissen Abständen immer wieder mal Voltaire lesen. Wie häufig hat er doch diese Streitereien lächerlich gemacht, in denen der eine Christ die Priester rot kleiden will, wo der andere nur schwarze Soutanen akzeptiert. Voltaire, dieser Aufklärer *par excellence*, macht klar, dass sich der allergrößte Teil dieser dogmatischen Streitereien um völlig belanglose Fragen dreht.

Und doch: Sobald die Religion in politischen Konflikten eine Rolle spielt und sich die gegnerischen Parteien auf »das Buch«, auf die Heilige Schrift, auf die göttliche Offenbarung berufen – taucht sogleich das Problem der Gewalt wieder auf: In Algerien ermorden religiöse Fanatiker Hunderte von Menschen auf die abscheulichste Weise.

Darum sollte man das Motto des religiösen Menschen – »Wenn es Gott nicht gibt, dann ist alles erlaubt!« – umkehren: Nur wenn es Gott gibt, dann ist alles erlaubt. Wenn es Gott gibt – und Gott ist allmächtig, er vermag alles, und ich glaube und gehorche ihm –, wird alles möglich: Wenn es Gott gibt, dann ist es Abraham erlaubt, seinen Sohn zu töten! Wie viele Verbrechen wurden doch in der Geschichte der Menschheit im Namen Gottes verübt: Gott will es!

OK: *Deus lo vult!* war schließlich das Motto der Kreuzritterorden …

NB: Das ist die Kehrseite des Nihilismus: Wenn Gott existiert und ich auf der Seite Gottes kämpfe, dann ist alle Grausamkeit möglich!

OK: Und doch haben auch Sie, der bekennende Aufklärer – unter Berufung auf den Poeten Giacomo Leopardi, den großen Pessimisten der italienischen Aufklärung – von einer »Religiösität ohne Gott« gesprochen.

NB: Ich, jemand, der sich nie sterblicher gefühlt hat als jetzt – ich bin sozusagen bereits tot – ich habe mich immer als Anhänger der Vernunft verstanden, nicht als Mann des Glaubens. Aber gerade als Mann der Vernunft weiß ich um die Grenzen der Vernunft, die nur einen winzigen Teil der Finsternis, die uns umgibt, aufklären kann.

OK: Die von einem »weiten und stürmischen Ozeane« eingeschlossene Insel der Vernunft, von der Immanuel Kant spricht …

NB: … eine Insel, umgeben vom Geheimnis. Ich weiß, dass wir vom Geheimnis umgeben sind. Und das nenne ich den religiösen Sinn des Menschen – den Sinn dafür, dass wir von einem undurchdringlichen Mysterium umgeben sind. Heute helfen uns die Wissenschaften, das Sonnensystem, die Galaxien zu verstehen; wir haben Tausende, Millionen von Fakten gelernt, von denen die Alten nichts wussten. Und doch ist uns die Welt immer unbegreiflicher, immer undurchschaubarer geworden. Je mehr wir wissen, umso mehr werden wir uns dessen bewusst, dass wir unwissend sind. Die gesamte Wissenschaftsgeschichte besteht schließlich nur aus gescheiterten Hypothesen.

Und deshalb spreche ich von einem religiösen Sinn des Menschen: von einer religiösen Einstellung angesichts des Unerfassbaren, des Unerklärlichen, des Unendlichen. Auch wenn es mir nicht gelingt, diesen Sinn in eine Doktrin, einen Katechismus, in ein System zu verwandeln.

122

OK: Das Problem sind wohl nicht die Hypothesen, die man auch wieder aufgeben oder – wie Karl Popper sagte – »sterben lassen« kann. Anders, wenn man einmal zur Kernspaltung, zur Klonung von Menschen, zur genetischen »Anthropotechnik« vorangeschritten ist. Anstelle des Mysteriums steht nun das »Gestell« (Martin Heidegger); anstelle des Unerklärlichen wurde ein Apparat, eine Maschine, ein Regelsystem installiert.

Könnte der religiöse Sinn für das Geheimnis, von dem Sie sprachen, nicht das notwendige Hemmnis wider den Selbstlauf des technologischen Fortschritts bilden?

NB: Nein, ich bezweifle, dass das Heilmittel ausgerechnet im religiösen Glauben gefunden werden kann. Schließlich gibt es nicht bloß eine Religion, sondern viele hunderte; und auch der interreligiöse Fanatismus, der Terror gegen Anhänger anderer Glaubensrichtungen, nimmt heute weltweit erneut bedrohliche Ausmaße an.

Doch abschließend will ich Ihnen ein Zitat vorlesen, und zwar aus dem Buch, das mich im letzten Jahr am meisten beeindruckt hat, aus George Steiners Lebensbilanz *Errata*:

> »Die Antwort auf die Frage, die beim Foltern und Erhängen eines verhungernden Kindes in Auschwitz gestellt wurde (›Wo ist Gott jetzt?‹, ›Gott ist dieses Kind‹) ist ein mehr oder weniger widerliches Beispiel für anthropomorphes Pathos. [...] Wir verlangen nach einem Zeugen, selbst wenn er hart ins Gericht geht, für unseren kleinen Dreck. In Krankheit, in psychischem oder materiellem Entsetzen, wenn unsere Kinder tot vor unseren Augen liegen, schreien wir auf. Dass ein solcher Schrei im Nichts widerhallt [...] lässt sich fast nicht ertragen.«[1]

Auch der Papst kann ja nur den Krieg verdammen, aber er kann kein Erdbeben verurteilen. Nur ein Hexenmeister könnte dies. Aber gibt es jemanden, der eine Antwort zu geben vermag auf das endlose Leiden all der Epidemien, Naturkatastrophen, Überschwemmungen, Vulkanausbrüche, die nicht von uns abhängen? Wer antwortet auf ein *malum passionis*, das kein Ergebnis übler Tat, keine Folge eines *malum actionis* ist?

Aus dem Italienischen von Otto Kallscheuer

Anhang

Kurzbiographie

1909 Norberto Bobbio wird am 18. Oktober in Turin geboren; der Vater ist Chirurg

1919–22 Besuch des Gymnasiums Massimo-d'Azeglio

1927–31 Jurastudent der Universität in Turin, Promotion (Jura) mit einer Dissertation über Rechtsphilosophie

1932–33 Fortsetzung des Studiums in Marburg und Turin; weitere Dissertation (in Philosophie) über Husserl

1935 (kurzfristige) Verhaftung, zusammen mit den Freunden von *Giustizia e Libertà* (›Gerechtigkeit und Freiheit‹): Vittorio Foa, Giulio Einaudi, Cesare Pavese; Beginn von Bobbios jahrzehntelanger Mitarbeit an der *Rivista di filosofia*

1939–42 Lehrt 1939/40 an der Universität Siena, anschließend in Padua, wo er ordentlicher Professor wird. Tritt 1942 der (illegalen) Aktionspartei bei

1941 Edition von Tommaso Campanella, *La città del Sole*

1943–44 Heirat mit Valeria Cova, Geburt des Sohnes Luigi. Drei Monate Gefängnis wegen illegaler Arbeit; Mitarbeit an der illegalen Zeitung *L'ora dell'azione*

1945 Nach der Befreiung weiter Lehre in Padua, journalistische und politische Arbeit für die Aktionspartei; im November/Dezember Studienreise nach England

1946–47 Politische Arbeit, Kandidat der Aktionspartei. Geburt des Sohnes Andrea. Beginn der Mitarbeit an der von Adriano Olivetti herausgegebenen Zeitschrift *Communità*

1948 Berufung auf den Lehrstuhl für Rechtsphilosophie an der Universität Turin. Edition von Thomas Hobbes, *De cive*

1949 Edition von Karl Marx, *Ökonomisch-Philosophische Manuskripte*

1951 Geburt des Sohnes Marco

1953 Teilnahme am Internationalen Kongress für Rechtslogik in Brüssel

1955	Im Oktober Reise nach China als Mitglied einer italienischen Kulturdelegation
1957	Trifft Hans Kelsen in Paris
1959	Edition der philosophischen Schriften von Carlo Cattaneo
1966	Teilnahme am Internationalen Kongress der Hegel-Gesellschaft in Prag
1967	Eröffnet den Internationalen Kongress für Politische und Rechtsphilosophie in Mailand/Gardone
1968	Beginn des Dialogs mit der Studentenbewegung; Mitglied der technischen Kommission für die Universität Trient
1972	Wechsel (innerhalb der Universität Turin) auf den Lehrstuhl für Politische Wissenschaften; von 1973 bis 1976 Dekan der Fakultät
1976	Beginn der politischen Kommentare in der Turiner Tageszeitung *La Stampa*
1979	Letzte Vorlesung
1984	Ernennung zum Senator auf Lebenszeit durch den italienischen Staatspräsidenten Sandro Pertini
1989	Erhält den Internationalen Preis der Société Européenne de Culture
1994	Das Büchlein *Destra e sinistra* ist für Monate auf den italienischen Bestsellerlisten. Erhält den Premio Balzan und zahlreiche Ehrendoktorwürden (Bologna, Sassari, Madrid, Paris, Buenos Aires u. a.)
1995	Vollständige Bibliographie der Werke Bobbios, herausgegeben von Carlo Violi
2000	Erhält den Hegel-Preis der Stadt Stuttgart
2001	Tod von Bobbios Gattin Valeria Cova
2004	Am 9. Januar stirbt Bobbio in Turin

Auswahlbibliographie

Zur Rechtslehre

Teoria della norma giuridica, Turin: Giapichelli editore 1958.

Giusnaturalismo e positivismo giuridico, Mailand: Edizioni di Comunità 1965.

Dalla struttura alla funzione, Mailand: Edizioni di Comunità 1984.

Zur Geschichte der politischen Ideen

Da Hobbes a Marx, Neapel: Morano 1965.

Saggi sulla scienza politica in Italia, Bari: Editori Laterza 1969; erweitert 1996.

La teoria delle forme di governo nella storia del pensiero politico, Turin: Giappichelli editore 1976.

Società e stato nella filosofia politica moderna. Modello giusnaturalistico e modello hegelo-marxiano, mit Michelangelo Bovero, Mailand: Il Saggiatore 1979.

Studi hegeliani. Diritto, società civile, stato, Turin: Giulio Einaudi editore 1981.

Thomas Hobbes, Turin: Giulio Einaudi editore 1989.

Saggi su Gramsci, Mailand: Feltrinelli 1990.

Zur politischen Theorie und Debatte

Politica e cultura, Turin: Giulio Einaudi editore 1955.

Quale socialismo?, Turin: Giulio Einaudi editore 1976.

Il problema della guerra e le vie della pace, Bologna: Mulino 1979.

Il futuro della democrazia, Turin: Giulio Einaudi editore 1984; deutsch: Die Zukunft der Demokratie, Berlin: Rotbuch Verlag 1988.

Liberalismo e democrazia, Mailand: Franco Angeli 1988.

Sul terzo assente. Saggi e discorsi su pace e guerra, Mailand: Edizioni Sonda 1989.

L'età dei diritti, Turin: Giulio Einaudi editore 1990; deutsch: Das Zeitalter der Menschenrechte, Berlin: Verlag Klaus Wagenbach 1998.

129

Destra e sinistra, Rom: Donzelli editore 1994; deutsch: Rechts und links, Berlin: Verlag Klaus Wagenbach 1994.
Teoria generale della politica, hrsg. von Michelangelo Bovero, Turin: Giulio Einaudi editore 1999.

Zur italienischen Kultur und Politik
Italia civile, Manduria/Bari/Perugia: Lacaita editore 1964.
Profilo ideologico del Novecento, Mailand: Garzanti 1990.
Una filosofia militante. Studi su Carlo Cattaneo, Turin: Giulio Einaudi editore 1971.
Trent'anni di storia della cultura a Torino, Turin: Cassa di Risparmio 1977.
Tra due repubbliche, Rom: Donzelli editore 1996.
Dal fascismo alla democrazia, hrsg. von Michelangelo Bovero, Mailand: Baldini & Castoldi 1997.

Gesammelte Zeitungsessays
Le ideologie e il potere in crisi, Turin: La Stampa 1981.
L'utopia capovolta, Turin: La Stampa 1990.
Una guerra giusta?, Venedig: Marsilio 1991.
Contro i nuovi dispotismi. Scritti sul Berlusconismo, Bari: Dedalo 2008.

Moralia
Elogio della mitezza, Mailand: Linea d'ombra 1994.
De senectute, Turin: Giulio Einaudi editore 1996; deutsch: Vom Alter – De senectute, Berlin: Verlag Klaus Wagenbach 1997.
Autobiografia, mit Alberto Papuzzi, Rom/Bari: Laterza editori 1997.

Bibliographien
Carlo Violi, Norberto Bobbio: 50 anni di studio, Mailand: Franco Angeli 1984.
Carlo Violi, Bibliografia degli scritti di Norberto Bobbio 1934–1993, Rom/Bari: Laterza editori 1994.
Valentina Pazé (Hrsg.), L'Opera di Norberto Bobbio, Mailand: Franco Angeli 2005; dieser Band enthält u.a. einen Überblick über die Bobbio-Rezeption in Deutschland (von Axel Schulte) und ein Verzeichnis aller deutschsprachigen Veröffentlichungen von und über Norberto Bobbio.

Links

Auf der Website des Istituto Piero Gobetti www.erasmo.it/gobetti findet sich eine beständig aktualisierte Bibliographie der Schriften von und zu Norberto Bobbio.

Der Herausgeber dankt Flavia Nardelli und dem Istituto Sturzo in Rom für wissenschaftliche Gastfreundschaft und Professor Massimo Crosti für bibliographische Hinweise.

Quellen

Die *Einleitung* ist ein Originalbeitrag für dieses Buch.

Ethik und Politik (*Etica e politica*) erschien 1994 in Norberto Bobbio, *Elogio della mitezza*, Mailand: Linea d'ombra edizioni, S. 67–103.

Die Zukunft der Demokratie (*Il futuro della democrazia*) erschien 1984 in Norberto Bobbio, *Il futuro della democrazia. Una difesa delle regole di gioco*, Turin: Giulio Einaudi editore, S. 3–28.

Lob der Sanftmut (*Elogio della mitezza*) erschien in Norberto Bobbio, *Elogio della mitezza*, a. a. O., S. 13–31.

Religion der Menschenrechte und Geheimnis der Existenz: Das Gespräch zwischen Otto Kallscheuer und Norberto Bobbio wurde Ende 1999 in Bobbios Turiner Wohnung geführt und erschien leicht gekürzt unter dem Titel »Wir wissen immer weniger« in der Neujahrsausgabe von *DIE ZEIT*, Nr. 1 (29. Dezember 1999); »Quel che resta del Novecento«, in: *LA STAMPA*, a. 133, n. 355 (30 dicembre 1999).

Anmerkungen

Soweit nicht anders angegeben, stammen alle Anmerkungen von Norberto Bobbio. Die zusätzlichen redaktionellen Anmerkungen sind mit (A. d. Ü.) gekennzeichnet.

Otto Kallscheuer: Italiens skeptischer Aufklärer

1 Norberto Bobbio, *Politica e cultura*, Turin 1955, S. 15.

2 Von beiden Seiten seines Charakters spricht Bobbio, der am 18. Oktober 2009 hundert Jahre alt geworden wäre, in *Vom Alter – De senectute*, Berlin 1997 (»An mich selbst«, S. 7–20).

3 Um diese Differenzen und Differenzierungen geht es in den Aufsätzen in *Politica e cultura* (1955).

4 Norberto Bobbio, *Politica e cultura* (1955); ders., *Quale socialismo?*, Turin: Giulio Einaudi editore 1976. Vgl. den von Helmut Drüke und Angela Thaller herausgegebenen Sammelband *Sozialisten, Kommunisten und der Staat*, Hamburg 1977.

5 Norberto Bobbio / Maurizio Viroli, *Dialogo intorno alla Repubblica*, Rom / Bari 2001, S. 8.

6 Siehe Bobbios Darstellung der politischen Soziologie Vilfredo Paretos und Gaetano Moscas in seinen *Saggi sulla scienza politica in Italia*, Bari 1969. Für eine neuere Verteidigung der realistischen Politikauffassung, die sich (wie Bobbio) auf moralische Verantwortung beruft, siehe das 1. Kapitel von Bernard Williams, *In the Beginning was the Deed*, Princeton / NJ 2005.

7 Jürgen Habermas, *Die neue Unübersichtlichkeit*, Frankfurt / M. 1985, S. 141–163. Der zeitdiagnostische Duktus dieser Essays verrät die unterschiedliche Geisteshaltung beider Denker (welche umso stärker ins Auge sticht, als ihre politische Einstellung weitgehend übereinstimmt: beide sind liberale Sozialisten). Habermas beklagt die »Erschöpfung utopischer Energien« als Ergebnis einer »Sackgasse« der Entwicklung der sozial- oder

christdemokratischen Sozialstaaten Westeuropas; Bobbio konstatiert »nicht eingehaltene Versprechen« der demokratischen Regierungsform und endet mit der keineswegs rhetorischen Frage, ob die Demokratie nicht vielleicht mehr versprach, als sie realistischerweise zu halten imstande ist.

8 Für Habermas besteht die Pointe eines »prozeduralistischen Verständnisses von Demokratie [...] darin, dass das demokratische Verfahren Diskurse und Verhandlungen mit Hilfe von Kommunikationsformen institutionalisiert, die für alle verfahrenskonform erzielten Ergebnisse die Vermutung der Vernünftigkeit begründen sollen« (Jürgen Habermas, *Faktizität und Geltung*, Frankfurt/M. 1992, S. 368 f.). Bobbio sähe in dieser Vermutung eher einen Ausdruck von Werturteilen als ein Definitionsmerkmal der Demokratie.

9 Norberto Bobbio, *Rechts und Links*, Berlin 1994.

10 Perry Anderson, »The Affinities of Norberto Bobbio«, in: *New Left Review*, Nr. 170, Juli/August 1988; gekürzt übersetzt in *Die Neue Gesellschaft / Frankfurter Hefte*, Nr. 10, 1989 (das Heft enthält auch das Gespräch »Die gefährdete Utopie der Demokratie«, das Peter Glotz und ich anlässlich von Bobbios 80. Geburtstag mit dem Philosophen führten); Danilo Zolo, »Fra Machiavelli e Kant«, in: ders., *L'alito della libertà. Su Bobbio*, Mailand 2008, S. 45 ff.

11 Zu Bobbios skeptischer Geschichtsphilosophie siehe mein Nachwort zu Norberto Bobbio, *Das Zeitalter der Menschenrechte*, Berlin 1999 (²2007).

12 Samuel Huntington, *The Third Wave. Democratization in the Late Century*, Norman/OK 1991.

13 Danilo Zolo, *Die demokratische Fürstenherrschaft*, Göttingen 1997; Colin Crouch, *Postdemokratie*, Frankfurt/M. 2008.

14 Den klassischen Bezugspunkt bildet Benjamin Constants Rede »De la liberté des anciens comparée à celle des modernes« (1819).

15 Noch beim Baron Montesquieu hieß es: »Die Abstimmung durch das Los entspricht dem Wesen der Demokratie, die durch Wahl dem der Aristokratie« (*Vom Geist der Gesetze*, II. 2).

16 Norberto Bobbio, *Teoria generale della politica*, hrsg. v. Michelangelo Bovero, Turin 1999, S. 326.

17 Bobbios gesammelte Artikel gegen den »Berlusconismus« erschienen posthum unter dem unzweideutigen Titel *Contro i* *nuovi dispotismi,* Bari 2008. Sein Schüler Michelangelo Bovero hat mit den Begriffen von Polybios und Platon sogar das Modell einer »kakistokratia« aufgestellt (das ist der schlechtest möglichen Regierungsform), das unangenehme Ähnlichkeit mit der italienischen Gegenwart aufweist: *Contro il governo die peggiori,* Rom/Bari 2000.

18 Dazu siehe Marc Lazar, *L'Italia sul filo di rasoio,* Mailand 2009, 4. Kapitel.

19 Ein für Bobbio problematischer Begiff, der als Gegenbegriff zur Souveränität von Königen oder Fürsten seine Berechtigung hatte, aber heute mit Vorsicht zu genießen ist. In der Demokratie kommt »die Souveränität nicht dem Volke zu, sondern den einzelnen Individuen als Bürgern« (*Teoria generale della politica,* S. 331 ff.).

Ethik und Politik

1 Amartya Sen, »Mercato e morale«, in: *Biblioteca della libertà,* Nr. 94 (1986), S. 8–27.

2 Ich beziehe mich auf James Burnham, *Die Machiavellisten. Verteidiger der Freiheit,* Zürich 1949.

3 Machiavellis »Löwen« verhalten sich eher konservativ und verwehren sich dem Fortschritt, halten an der bestehenden Ordnung fest und scheuen weder offene Konflikte noch Anwendung von Gewalt; der Instinkt der »Persistenz der Aggregate« bezeichnet ihre Neigung, Kombinationen beizubehalten und sich gegen Veränderungen zu sperren. Machiavellis »Füchse« hingegen sind fortschrittlich, vermeiden offene Konflikte und setzen ihre Ziele unter Einsatz von Bestechung, Betrug und List durch; der Instinkt des Kombinierens charakterisiert ihre Neigung, Beziehungen zwischen den Ideen und den Dingen herzustellen, Folgerungen abzuleiten und Schlüsse zu ziehen (A. d. Ü.).

4 Benedetto Croce, »L'onestà politica«, in: *Etica e politica,* Bari 1945, S. 165.

5 Niccolò Machiavelli, *Il principe. Der Fürst,* Stuttgart 1986, S. 135 (A. d. Ü.).

6 Erasmus von Rotterdam, *Die Erziehung des christlichen Fürsten – Institutio principis christiani,* bearbeitet von Anton J. Gail, Paderborn 1968.

7 Immanuel Kant, *Zum ewigen Frieden*, Königsberg 1795, S. 66 (A. d. Ü.).

8 Jean Bodin, *Sechs Bücher über den Staat*, hrsg. v. Peter-Cornelius Meyer-Tasch, München 1981/86 (A. d. Ü.).

9 Das italienische »governare« (regieren) leitet sich aus dem lateinischen »gubernare« und dieses aus dem griechischen »kybernan« (ein Schiff lenken) ab.

10 Benedetto Croce, a. a. O., S. 166.

11 Georg Wilhelm Friedrich Hegel, »Grundlinien der Philosophie des Rechts«, Vorrede, in: *Werke*, Frankfurt/M. 1979, Bd. 7, S. 19 (A. d. Ü.).

12 Ebd., S. 502 (A. d. Ü.).

13 Niccolò Machiavelli, *Discorsi. Staat und Politik*, Frankfurt/M. 2000, S. 417 (A. d. Ü.).

14 Alexander Yanov, *Le origini dell'autocrazia. Il ruolo di Ivan il Terribile nella storia russa*. Mailand 1984.

15 Ebd., S. 312.

16 Ebd., S. 311.

17 Ebd., S. 312.

18 Immanuel Kant, *Zum ewigen Frieden*, Anhang I, a. a. O., S. 229.

19 Vgl. Norberto Bobbio: »Herrschaft der Menschen oder Herrschaft der Gesetze?«, in: ders., *Die Zukunft der Demokratie*, Berlin 1988, S. 139–162.

Die Zukunft der Demokratie

1 Georg Wilhelm Friedrich Hegel, *Vorlesungen über die Philosophie der Geschichte*, I, hrsg. v. Karl Markus Michel und Eva Moldenhauer, Bd. 12, Frankfurt/M. 1970, S. 114 [Hervorhebung im Original].

2 Max Weber, »Wissenschaft als Beruf«, in: *Gesammelte Aufsätze zur Wissenschaftslehre*, 4. Aufl., hrsg. v. Johannes Winckelmann, Tübingen 1973, S. 602.

3 Zu dieser Frage verweise ich auf meinen Aufsatz »Decisioni individuali e collettivi«, in: *Ricerche politiche due. Identità, interessi e scelte collettive*, hrsg. v. Michelangelo Bovero, Mailand 1983, S. 9–30.

4 Mit diesem Thema habe ich mich ausführlicher befasst in dem Aufsatz »Die Mehrheitsregel – Grenzen und Aporien«, in: *An* *den Grenzen der Mehrheitsdemokratie. Politik und Soziologie der Mehrheitsregel*, hrsg. v. Bernd Guggenberger und Claus Offe, Opladen 1984, S. 108–131.

5 Vilfredo Pareto, *Trasformazione della democrazia*, Mailand 1920; eine Sammlung von Artikeln, die zwischen Mai und Juli 1920 in der *Rivista di Milano* erschienen sind.

6 Johannes Agnoli und Peter Brückner, *Die Transformation der Demokratie*, Frankfurt/M. 1968 (A. d. Ü.).

7 Boris Pasternak, *Doktor Schiwago*, Frankfurt/M. 1964, S. 587.

8 Im italienischen Text *società civile*. Siehe auch Norberto Bobbios Studie *Gramsci e la concezione della società civile*, Mailand 1976; Norberto Bobbio, »Hegel und die Naturrechtslehre«, in: *Materialien zu Hegels Rechtsphilosophie*, hrsg. v. Manfred Riedel, Bd. 2, Frankfurt/M. 1975, S. 81–108; Norberto Bobbio, »Società civile«, in: *Dizionario di Politica*, hrsg. v. Norberto Bobbio/Nicola Matteucci/Gianfranco Pasquino, Turin 1983, S. 952–956; und Norberto Bobbio/Michelangelo Bovero, *Società e stato nella filosofia politica moderna. Modello giusnaturalistico e modello Hegelo-Marxiano*, Mailand 1979 (A. d. Ü.).

9 Adam Smith, *Der Wohlstand der Nationen*, München 1978, S. 371.

10 Crawford Brough Macpherson, *Die politische Theorie des Besitzindividualismus*, Frankfurt/M. 1974.

11 Vgl. dazu Norberto Bobbio, »Grundfreiheiten und gesellschaftliche Formierungen«, in: *Demokratie und Recht*, Nr. I (1976), S. 31–53 (A. d. Ü.).

12 Vgl. dazu die ausführliche Dokumentation von Piero Violante, *Lo spazio della rappresentanza, I: Francia 1788–1789*, Palermo 1981.

13 Im italienischen Text *franchi tiratori*, ein Ausdruck, mit dem in der italienischen politischen Tagesumgangssprache jene (zumeist christdemokratischen) Abgeordneten bezeichnet werden, die Gesetzesvorlagen der eigenen Regierungsmehrheit in Geheimabstimmungen scheitern lassen, um etwa bei schärferen Steuergesetzen die eigene mittelständische Klientel nicht zu verprellen: In diesem Falle scheren sie also aus der imperativen Fraktionsdisziplin aus zugunsten eines *anderen* »gebundenen« Mandats, das des »klientelistischen Tauschs«, auf das Bobbio weiter unten im Text zurückkommt (A. d. Ü.).

14 Ich beziehe mich vor allem auf die Diskussion, die sich auch in Italien mit wachsender Intensität über die Thesen von Philippe C. Schmitter entwickelt hat. Vgl. die Anthologie von

Marco Maraffi (Hrsg.), *La società neocorporativa*, Bologna 1981; sowie Lorenzo Bordogna/Giancarlo Provasi, *Politica, economia e rappresentanza degli interessi*, Bologna 1984.

15 Vgl. dazu Bobbios Rekonstruktion der Theorien Moscas und Paretos in seinem den beiden Begründern der modernen politischen Wissenschaft in Italien gewidmeten Buch *Saggi sulla scienza politica in Italia*, Bari 1977 (A.d.Ü.).

16 Ich beziehe mich hier auf einen vom Centro di ricerca e documentazione Luigi Einaudi im Sammelband *Il cittadino totale* (Turin 1977, S.35–59) veröffentlichten Text Ralf Dahrendorfs.

17 Vgl. Gaetano Mosca, *La classe politica*, hrsg. v. Norberto Bobbio, Bari 1966, S.240ff. (A.d.Ü.).

18 Crawford Brough Macpherson, *Demokratietheorie*, München 1984.

19 Ich beziehe mich hier auf das Buch von Filippo Burzio, *Essenza e attualità del liberalismo*, Turin 1945.

20 Das »Arbeiterstatut«, das die Gewerkschafts- und Informationsrechte im Betrieb garantiert, war eine der Errungenschaften der Streikbewegungen des italienischen »heißen Herbstes« 1968 (A.d.Ü.).

21 Bobbios Unterscheidung zwischen Freiheitsrechten und politischen Rechten entspricht hier der Unterscheidung zwischen »›individuellen‹ oder ›persönlichen‹ Freiheitsrechten und ›politischen‹ Freiheitsrechten« (bzw. im *Status activus* demokratischen Rechten) bei Franz Leopold Neumann, *Die Herrschaft des Gesetzes*, Frankfurt/M. 1980, S.59 f. (A.d.Ü.).

22 Vgl. dazu Norberto Bobbio, »Die Demokratie und die unsichtbare Macht«, in: Norberto Bobbio, *Die Zukunft der Demokratie*, Berlin 1988, S.86–112.

23 Alan Wolfe, *The Limits of Legitimacy. Political Contradictions of Contemporary Capitalism*, New York 1977.

24 Maurice Joly, *Macht contra Vernunft*, München 1968, S.37.

25 Immanuel Kant, *Zum ewigen Frieden*, Werke (Akademie-Ausgabe), Bd. VIII, Berlin 1968, S.381.

26 Platon, *Sämtliche Werke*, Bd. V: *Politeia*, hrsg. v. Karlheinz Hülser, Frankfurt/M. 1991.

27 John Stuart Mill, *Betrachtungen über die repräsentative Demokratie*, hrsg. v. Kurt Shell, Paderborn 1971, S.72f.

28 Ebd., S.73f.

29 Italienisch *domanda* bedeutet sowohl Frage (wie: Antwort) als auch Nachfrage (wie: Angebot) (A.d.Ü.).

30 Alexis de Tocqueville, *Kleine politische Schriften,* hrsg. v. Harald Bluhm, Berlin 2006, S. 179–189.

31 *Società civile,* vgl. Anmerkung 8 (A. d. Ü.).

32 Elie Halévy, *L'ère des tyrannies. Études sur le socialisme et la guerre* (mit einem Vorwort von Celestin Bougle), Paris 1938.

33 Es handelt sich um einen von Juan Linz herausgegebenen Sammelband (*The Breakdown of Democracy,* London 1978), dessen drei Hauptthemen der Sieg des Faschismus in Italien, Deutschland und Spanien sind.

34 Julian Santamaria, *Transizione alla democrazia nell'Europa del Sud e nell'America latina,* Madrid 1981.

35 Mit dem Ausdruck »konsoziative Demokratie« (Arend Lijpart) werden politische Systeme bezeichnet, die eine starke ideologische oder subkulturelle Blockbildung der entgegengesetzten politischen Lager mit einer pragmatischen Zusammenarbeit der Parteispitzen in Regierungen (meist vom Typus großer Koalitionen) verbinden, weswegen es mit wechselnden Mehrheiten nicht unbedingt zur Auswechslung von Regierung und Opposition kommen muss. In der deutschen Politologie ist hierfür eher der Ausdruck »Konkordanzdemokratie« (Gerhard Lehmbruch) geläufig (A. d. Ü.).

36 Diese These ist jüngst mit theoretischen wie historischen Argumenten von Michael W. Doyle in seinem Aufsatz »Kant, Liberal Legacies and Foreign Affairs« vertreten worden, in: *Philosophy and Public Affairs,* Bd. XII, 1983, S. 205–235 und S. 323–335.

37 Immanuel Kant, *Zum ewigen Frieden,* a. a. O., S. 349.

38 Karl Raimund Popper, *Die offene Gesellschaft und ihre Feinde,* Bd. 1, Stuttgart 1992, S. 149.

39 Georg Wilhelm Friedrich Hegel, *Vorlesungen über die Philosophie der Geschichte,* a. a. O., S. 35.

Lob der Sanftmut

1 Deutsch: Alasdair MacIntyre, *Der Verlust der Tugend. Zur moralischen Krise der Gegenwart,* Frankfurt/M. 1995.

2 Im deutschen oder angelsächsischen Sprachraum heißt es zumeist ›prozedurale‹ oder Verfahrensethik. Siehe die (ebenfalls auf Alasdair MacIntyres Buch bezugnehmende) Skizze Charles Taylors, »Die Motive einer Vefahrensethik«, in: Wolfgang Kuhlmann (Hrsg.), *Moralität und Sittlichkeit*, Frankfurt/M. 1986, S. 101–135 (A. d. Ü.).

3 Remo Bodei, *Geometria delle passioni. Paura, speranza e felicità: filosofia e uso politico*, Mailand 1991.

4 Ebd., S. 17.

5 Ebd., S. 20.

6 David Hume: *Treatise of Human Nature* (Book II. Of the Passions, Part III. Of the will and direct passions), hrsg. von L. A. Selby-Bigge, Oxford 1978 (v. a. S. 413 ff.).

7 Immanuel Kant, »Die Metaphysik der Sitten«, in: *Die Religion innerhalb der Grenzen der bloßen Vernunft; Die Metaphysik der Sitten, Kants Werke*, Bd. VI, Berlin 1968, S. 462.

8 Der Philosoph Aldo Capitini, damals Sekretär der Scuola Normale Superiore von Pisa und später einer der wichtigsten Theoretiker des gewaltlosen Widerstandes in Italien, gehörte ebenso wie Norberto Bobbio zur »liberalsozialistischen Bewegung«, die sich i. J. 1939 um den Philosophieprofessor der Pisaer Universität Guido Calogero gründete. Aldo Capitinis *Elementi di un´esperienza religiosa* (1940) war laut Bobbio »eines der ersten antifaschistischen Bücher aus jener neuen Generation, die unter dem Regime großgeworden war« (wie er im Vorwort der Neuauflage des Buches (Bologna 1990) schrieb (A. d. Ü.).

9 Bobbio bezieht sich hier natürlich ironisch auf Giordano Brunos berühmten Dialog *De gli eroici furori* (1585).Während dort nämlich »Subjekt und Objekt der heroischen Leidenschaften heroisch sind« (wie Bruno im Vorwort schreibt) und der *furor* des nach Erkenntnis jagenden Denkers zum Ausdruck der Dramatik des Erkenntnisprozesses wird, sieht Bobbio die ihn zuweilen packenden Wutanfälle (*furie*) schlicht als menschliche Schwäche (A. d. Ü.).

Blick zurück nach vorn: Religion der Menschenrechte und Geheimnis der Existenz
Norberto Bobbio im Gespräch mit Otto Kallscheuer

1 George Steiner, *Errata. Bilanz eines Lebens*, München/Wien 1999, S. 206 f.

Otto Kallscheuer ist Philosoph und zur Zeit Professor an der Universität Sassari. Bei Wagenbach hat er bereits die Auswahl aus Norberto Bobbios »Das Zeitalter der Menschenrerchte« herausgegeben. Sein letztes Buch »Zur Zukunft des Abendlandes« erschien 2009.

■ Politik bei Wagenbach

Christoph Möllers   Demokratie – Zumutungen und Versprechen
Warum leben wir in einer Demokratie? Aus guten Gründen oder aus
schlechter Gewohnheit? Warum sind wir von demokratischer Politik so oft
enttäuscht? Weil sie versagt oder weil wir uns keine Rechenschaft darüber
ablegen, was wir von ihr erwarten können? Christoph Möllers fordert zu
aktivem politischem Denken heraus. Wer ihn liest, muss Position beziehen.
Originalausgabe. WAT 580. 128 Seiten

Paul Ginsborg   Wie Demokratie leben
Ausgehend von einem fiktiven Dialog zwischen John Stuart Mill und Karl
Marx stellt sich Ginsborg den notwendigsten Fragen der Demokratie heute. Unsere Demokratien – so sein Fazit – müssen dringend reformiert
werden, sei es in der Zivilgesellschaft, im Staat oder in der Europäischen
Union. Paul Ginsborg, englischer Politikwissenschaftler, der in Italien lebt
und lehrt und selbst als Bürger im außerparlamentarischen Widerstand
gegen Berlusconi aktiv ist, analysiert nicht nur – mit britischem Humor –,
sondern macht einen konstruktiven Vorschlag: In seinem Modell der teilnehmenden Demokratie werden lokale politische Praktiken mit Verfahren
auf der nationalen und supranationalen Ebene verknüpft.
Aus dem Italienischen von Friederike Hausmann. WAT 581. 128 Seiten

Albrecht von Lucke   68 oder neues Biedermeier
Der Kampf um die Deutungsmacht
Was war 68? War es eine »Rebellion, die mehr Werte zerstört hat als das
Dritte Reich«? Oder doch die seit ihrer Gründung fällige »Fundamental-
liberalisierung der Bundesrepublik«? Albrecht von Lucke fragt danach,
wie die 68er als einzige Generation der Bundesrepublik derart wirkmäch-
tig werden konnten und warum aus der Einschätzung von 68 noch immer
heftige Deutungsschlachten entstehen – wie jüngst die verschiedenen
Versuche konservativer Medien, linke Leitfiguren wie Habermas und Grass
zu demontieren. Sein Buch ist eine Darstellung von deren Wirkung und
Beurteilung – von der Gewaltdebatte der 70er Jahre bis zur aktuellen
Diskussion um die Neue Bürgerlichkeit.
Originalausgabe. WAT 582. 96 Seiten

Nilüfer Göle   Anverwandlungen
Der Islam in Europa zwischen Kopftuchverbot und Extremismus
Gibt es zwangsläufig Konflikt zwischen den Religionen? Können Glaube
und Moderne im Islam neu zusammenfinden – jenseits von Fundamenta-
lismus und Terrorismus? Ausgehend vom 11. September und der Verflech-
tung der Attentäter mit der westlichen Zivilisation zeigt Göle, wie falsch
die Ansicht ist, der Westen stehe für die Moderne und der islamische Osten
für Rückständigkeit. Nie zuvor waren sich die beiden Welten so nahe.
Aus dem Französischen von Ursel Schäfer. WAT 598. 160 Seiten

Massimo L. Salvadori   Fortschritt – Die Zukunft einer Idee
Salvadori rekonstruiert zunächst die Geschichte der Idee des Fortschritts:
die Idee also, politische Macht zu kontrollieren, Gleichheit der Bürger zu
garantieren, Bildung und Kultur zugänglich zu machen, materielle und
kulturelle Güter gerecht(er) zu verteilen, Wissenschaft und Technik in
Dienst zu nehmen. Er analysiert aber nicht nur das Verführerische an
dieser Idee, sondern auch die Gründe ihres Scheiterns. Wo können wir
heute fortschrittliche politische Positionen einnehmen? Wenn wir die Idee
des Fortschritts verfolgen wollten, so würde dies bedeuten, dass ökono-
misches Wachstum die natürlichen Ressourcen nicht bedrohen darf und
zugleich das Nord-Süd-Gefälle ausgleichen muss.
Aus dem Italienischen von Rita Seuß. WAT 600. 128 Seiten

Albrecht von Lucke   Die gefährdete Republik
Von Bonn nach Berlin: 1949 – 1989 – 2009
Bonn wurde nicht Weimar, aber was ist Berlin? 60 Jahre nach Gründung
der Bundesrepublik und 20 Jahre nach dem Fall der Mauer stellt sich die
Frage nach den Folgen der Jahrhundertzäsur von 1989. Was unterscheidet die »Bonner« von der »Berliner Republik«? Und gibt es die Bundesrepublik überhaupt noch? Albrecht von Lucke fragt, inwieweit auf dem
Weg von Bonn nach Berlin die »Republik« auf der Strecke geblieben ist
– und mit ihr die größten Errungenschaften der Bonner Jahre: Verfas-
sungspatriotismus und Entfeindung, nach außen wie nach innen.
Originalausgabe. WAT 605. 112 Seiten

Jürgen Kaube (Hrsg.)   Die Illusion der Exzellenz
Lebenslügen der Wissenschaftspolitik
Lange fällige Reformen an den Hochschulen, um die deutschsprachigen
Wissenschaftsstandorte international konkurrenzfähig zu machen – oder
Lähmung von Forschung und Lehre durch Bürokratisierung? Jürgen Kau-
be bittet acht Hochschullehrer, über die Zukunft unserer Universitäten
nachzudenken. Mit Beiträgen von Wolfgang Eßbach, Bruno S. Frey, An-
dré Kieserling, Axel Meyer, Christoph Möllers, Margit Osterloh, Ullrich
Schollwöck, Rudolf Stichweh.
Originalausgabe. WAT 604. 96 Seiten

Petra Dobner   Bald Phoenix – bald Asche
Ambivalenzen des Staates
Der Staat, »die da oben«, ist Beute und Verbündeter des Neoliberalismus
zugleich, der erste Verdächtige, wenn es gilt, einen Verantwortlichen für
das persönliche und gesellschaftliche Übel zu suchen. Doch ist der Staat
auch der Erste, nach dem gerufen wird, wenn etwas schiefgeht. Enttäuschungen sind vorprogrammiert, weil das Verhältnis zum Staat von einer
tiefen Ambivalenz in Bezug auf seine grundsätzliche Daseinsnotwendig-
keit, seine Funktionen und nicht zuletzt seine Rolle in einer sich globali-
sierenden Welt geprägt ist.
Originalausgabe. WAT 623. 96 Seiten.

Paolo Flores d'Arcais / Joseph Ratzinger   Gibt es Gott?
Wahrheit, Glaube, Atheismus
Einer der bekanntesten und streitbarsten Philosophen unserer Zeit und
ausgewiesener Linker, Paolo Flores d'Arcais, führt ein Streitgespräch mit
Joseph Kardinal Ratzinger. Welche Positionen nimmt die katholische Kir-
che am Beginn des dritten Jahrtausends ein zu Themen wie Abtreibung,
Kondome und Darwin, zu einem Zeitpunkt, in der sie in einer tiefgehen-
den Krise steckt?
Aus dem Italienischen von Friederike Hausmann.
WAT 627. 144 Seiten mit einem Vorwort zur Neuausgabe 2009

Wenn Sie mehr über den Verlag oder seine Bücher wissen möchten,
schreiben Sie uns eine Postkarte (mit Anschrift und ggf. E-Mail). Wir
verschicken immer im Herbst die *Zwiebel*, unseren Westentaschenalma-
nach mit Gesamtverzeichnis, Lesetexten aus den neuen Büchern und
Fotos. *Kostenlos!*

Verlag Klaus Wagenbach   Emser Str. 40/41   10719 Berlin   www.wagenbach.de